Gerhard Heimler
Thorsten Lensing

Rund um Frankfurt

mit Taunus, Odenwald, Rheingau,
Spessart, Vogelsberg

50 ausgewählte Touren

ROTHER
BERGVERLAG

ROTHER WANDERFÜHRER

Aargau
Abruzzen
Achensee
Adlerweg
Ahrsteig
Alb Südrand-Weg HW2
Albanien
Albsteig
Algarve
Allgäu 1, 2, 3, 4
Allgäuer Alpen
AlpeAdriaTrail
Altmühltal
Altmühltal-Panorama-
 weg
Andalusien Süd
Annapurna Treks
Antholz - Gsies
Aostatal

Appenzellerland
Apulien
Ardennen
Arlberg - Paznaun
Arnoweg
Asturien
Augsburg
Außerfern
Australien
Auvergne
Azoren
Baskenland
Bayerische Alpen
 Trekking
Bayerischer Wald
Berchtesgaden - Lienz
Berchtesgadener Land
Bergisches Land
Berlin
Bern
Berner Oberland Ost
Berner Oberland West
Bodensee Nord, Süd
Bodensee - Rätikon
Böhmerwald
Böhmische Schweiz
Bolivien
Bornholm
Bosnien u. Herzegowina
Bozen - Kaltern
Brandnertal
Bregenzerwald
Bremen - Oldenburg
Brenta
Bretagne
Bulgarien
Burgund
Cevennen

Chalkidiki - Thassos
Champagne - Ardennen
Chiemgau
Chiemsee
Chur - Hinterrhein
Cilento
Cinque Terre
Cornwall-Devon
Costa Blanca
Costa Brava
Costa Daurada
Côte d'Azur
Dachstein-Tauern Ost
Dachstein-Tauern West
Dänemark-Jütland
Dalmatien
Dauphiné Ost, West
Davos - Prättigau
Dolomiten 1, 2, 3, 4,
 5, 6, 7, 8
Dolomiten-Höhenwege
 1-3, 4-7, 8-10
Donausteig
E1 Deutschland Nord
E1 Deutschland Süd
E5 Konstanz - Verona
Ecuador
Eifel
Eifelsteig
El Hierro
Elba
Elbsandsteingebirge
Elsass
Emmental
Ober-, Unterengadin
England Mitte, Nord,
 Ost, Süd
Fichtelgebirge
Fränkische Schweiz
Fränkischer Gebirgsweg
Frankfurt
Franziskusweg
Freiburg
Friaul-Julisch Venetien
Fuerteventura
Galicien
Gardaseeberge
Garhwal - Ladakh
Garmisch - Brixen
Gasteinertal
Genfer See
Georgien
Gesäuse
Glarnerland
Glockner-Region
Goldsteig
La Gomera
Gotthardweg
Grazer Hausberge
Grenzgänger-Weg
Griechenland - Pindos-
 gebirge
Gruyère - Diablerets
GTA
Hamburg
Harz
Haute Route

Hawaii
Hochkönig
Hochschwab
Hohenlohe
Hunsrück
Ibiza
Innsbruck
Irland
Isarwinkel
Island
Israel
Istrien
Italienische Riviera
Jakobsweg - Camino
 Primitivo
Jakobsweg - Caminho
 Português
Jakobsweg - Camino
 del Norte
Französischer Jakobsweg
 Le Puy - Pyrenäen,
 Straßburg - Le Puy
Jakobsweg Marburg -
 Vézelay
Jakobswege Österreich
Jakobswege Schweiz
Spanischer Jakobsweg
Südfranzösischer
 Jakobsweg - Via
 Tolosana
Südwestdeutsche
 Jakobswege
Julische Alpen
Jura, Französischer
Jura, Schweizer
Kärntner Seen
Kalabrien
Kanadische Rocky
 Mountains
Kapverden Nord
Karawanken
Karnischer Höhenweg
Karwendel
Kaunertal
Kitzbüheler Alpen
Kleinwalsertal
Korfu
Korsika
Korsika - GR 20
Korsika - Mare e Monti
Kraichgau
Kreta
La Palma
La Réunion
Lago Maggiore
Lahnwanderweg
Languedoc-Roussillon
Lanzarote
Lappland
Lechweg
Lesbos - Chios
Limesweg
Lofoten
Lothringen
Lungau
Luxemburg - Saarland
Madeira
Mallorca
Malta - Gozo

Marken - Adriaküste
Marokko
Masuren
Maximiliansweg
Mecklenburgische
 Seenplatte
Menorca
Meran
Meraner Höhenwege
Mittelsachsen
Mont Blanc
Montafon
Montenegro
Mosel
Moselhöhenweg
Moselsteig
Mühlviertel
München
München - Venedig
Münsterland
Nationalpark Kalkalpen
Neanderlandsteig
Neckarweg
Neuseeland
Neusiedler See
Niedere Tauern Ost
Niederlande
Niederrhein
Nockberge
Nordhessen
Normandie
Norwegen Mitte, Süd,
 Jotunheimen
Nürnberg
Oberlausitz
Oberpfälzer Wald
Oberschwaben
Odenwald
Odenwald Mehrtages-
 touren
Öland
Ötscher
Ötztal
Ötztal - Pitztal Trekking
Ossola
Ostfriesland
Ostseeküste
Ost-Steiermark
Osttirol Nord, Süd

Patagonien
Peaks of the Balkans
Peloponnes
Peru
Pfälzer Weinsteig
Pfälzerwald
Pfaffenwinkel

Picardie
Picos de Europa
Piemont Nord, Süd
Pinzgau
Pitztal
Portugal Nord
Provence
Pyrenäen 1, 2, 3, 4
Pyrenäen - GR 11

Regensburg
Rhein-Neckar
Rheinhessen
Rheinsteig
Rhodos
Rhön
Riesengebirge
Rom - Latium
Rota Vicentina
Route de Ländle
Rügen
Ruhrgebiet
Rumänien - Ostkarpaten
Rumänien - Südkarpaten
Saar-Hunsrück-Steig
Salzalpensteig
Salzburg
Salzburg - Triest
Salzkammergut
 Ost, West
Sardinien
Sauerland
Savoyen
Schaffhausen
Schottland
Schwabenkinder-
 Wege Oberschwaben,
 Schweiz - Liechten-
 stein, Vorarlberg
Schwäbische Alb Ost
Schwäbische Alb West
Schwarzwald Fernwan-
 derwege
Schwarzwald Mehrtages-
 touren Nord/Nord,
 Süd/Mitte
Schwarzwald Nord, Süd
Schweden Mitte, Süd
Seealpen
Seefeld - Leutasch
Sentiero della Pace
Sierra de Gredos
Sierra de Guadarrama
Sizilien
Spessart
Steigerwald
Steirisches Weinland
Sterzing

Stubai - Wipptal
Trekking im Stubai
Stuttgart
Südafrika West
Südniedersachsen
Surselva
Sylt, Amrum, Föhr
Tannheimer Tal
Tasmanien
Hohe Tatra
Niedere Tatra
Tauern-Höhenweg
Hohe Tauern Nord
Tauferer Ahrntal
Taunus
Tegernsee - Sterzing
Tegernseer und
 Schlieseer Berge
Teneriffa
Tessin
Teutoburger Wald
Thüringen Mitte/Nord
Thüringer Wald
Tiroler Höhenweg
Toskana Nord, Süd
Türkische Riviera
Uckermark
Umbrien
Ungarn West
USA Südwesten
Usedom
Vanoise
Veltlin
Via de la Plata
Via Franágena
Via Gebennensis
Vierwaldstättersee
Vinschgau
Vizentiner Alpen
Vogelsberg
Vogesen
Vogesen Mehrtages-
 touren
Vogesen-Durchquerung
Vogtland
Vom Gletscher zum Wein
Trekking in Vorarlberg
Wachau
Waldviertel
Wales
Walliser Alpen
Weinviertel
Welterbesteig Wachau
Weserbergland
West Highland Way
Westerwald
Wien
Wien - Lago Maggiore
Wiener Alpenbogen
Wiener Hausberge
 Nord, Süd
Wilder Kaiser
Zillertal
Trekking in Zillertal
Zürichsee
Zugspitze
Zypern Süd & Nord

Vorwort

Stellen Sie sich einen schwülheißen Tag in den Straßenschluchten der Großstadt vor. Wohl dem, der dann in der Lage ist, in nahe gelegenen schier endlosen Wäldern Zuflucht zu finden. Wohl auch dem, der nach Feierabend einen Abstecher in eine ausgedehnte Weinregion unternehmen kann, sich bei einem langen Spaziergang durch das Rebenmeer von den Sorgen des Alltags löst und über dem Rheintal einen zartrosafarbenen Sonnenuntergang erleben darf. Glücklich zudem, wer an freien Tagen in nächster Nähe romantische Burganlagen entdeckt oder aussichtsreiche Berggipfel erklimmt. Möglichkeiten, die all denen gegeben sind, die in einer der schönsten Regionen Deutschlands leben, im Rhein-Main-Gebiet mit seiner kosmopolitischen Mainmetropole. Frankfurt am Main ist eine Stadt zwischen Kunst und Kommerz, Internationalität und Tradition, mit historischer Bausubstanz und avantgardistischer Architektur. Eine Stadt, die trotz ihrer überschaubaren Größe mit weltmännischem Flair zu imponieren weiß und – last but not least – umgeben ist von grandiosen Landschaften.

Ebenso wie bei der Weltstadt Frankfurt ist es auch hier die Vielfalt, welche den besonderen Reiz der näheren und etwas weiteren Umgebung ausmacht. Der Naturfreund findet ein derart reichhaltiges Angebot lohnender Ziele vor, dass es schwer war, eine Auswahl zu treffen.

Wir haben alle lohnenden Zielregionen zusammengestellt, die von Frankfurt aus zügig zu erreichen sind und mit einer atemberaubenden Natur beeindrucken: den Taunus, das Lahntal, den Rheingau, Rheinhessen und die Rheinauen, die Wetterau, den Odenwald, die Bergstraße, den Spessart und das Vogelsberggebiet. Dieser Wanderführer bietet aber auch Touren im Stadtgebiet und zum unmittelbaren Umland, dem Frankfurter Grüngürtel. Auch hier lassen sich spektakuläre Entdeckungen machen.

Wir hoffen, dass unsere Begeisterung für die Gegend auf Sie überschwappt und Sie sich einlassen können auf den vollendeten Wandergenuss, der Sie erwartet.

Frankfurt a.M., im Sommer 2021   Gerhard Heimler und Thorsten Lensing

Liebe Leserinnen und Leser,

infolge der Corona-Krise können sich Änderungen ergeben haben, die bei Redaktionsschluss noch nicht absehbar waren. Soweit möglich, werden wir aktuelle Hinweise unter www.rother.de (beim Buch) zur Verfügung stellen. Bitte informieren Sie sich vor der Wanderung zusätzlich über die derzeitigen Gegebenheiten.

Sollten Sie geänderte Gegebenheiten vor Ort feststellen, freuen wir uns über Korrekturhinweise per E-Mail an leserzuschrift@rother.de.

Inhaltsverzeichnis

Vorwort... 3

Übersichtskarte... 6

Allgemeine Hinweise ... 8
    Symbole ... 9
    Top-Touren rund um Frankfurt ... 10
    GPS-Tracks und Koordinaten der Ausgangspunkte ... 11

Frankfurt und das Wandergebiet ... 14
    Sehenswürdigkeiten in den Wanderorten ... 16

Frankfurter Stadtgebiet und Grüngürtel ... 24
| 1 | 2.45 Std. | Auf Goethes Spuren ... 28
| 2 | 2.30 Std. | Über den Lohrberg zum höchsten Punkt Frankfurts ... 31
| 3 | 2.45 Std. | Zur Schwanheimer Düne ... 34
| 4 | 3.15 Std. | Auf dem Schäfersteinpfad durch den Stadtwald ... 37
| TOP 5 | 5.15 Std. | Die Nidda flussaufwärts von Höchst bis nach Bad Vilbel ... 40
| 6 | 5.15 Std. | Von Dreieichenhain zum Keltenzug auf der Bulau ... 44
| 7 | 3.30 Std. | Von Hanau-Steinheim zu den Dietesheimer Steinbrüchen ... 48
| 8 | 3.30 Std. | Hessisch-Fränkische Grenztour bei Seligenstadt ... 51
| TOP 9 | 5.45 Std. | Von Hanau-Neuwirtshaus auf den Buchberg ... 54

Taunus und Lahntal ... 58
| 10 | 4.15 Std. | Von Bad Soden nach Königstein ... 60
| 11 | 2.45 Std. | Kronberger Spaziergang ... 63
| 12 | 5.00 Std. | Rund um Glashütten ... 65
| TOP 13 | 7.00 Std. | Königsteiner Taunusberge ... 68
| 14 | 5.15 Std. | Von Schmitten zum Großen Feldberg ... 70
| 15 | 4.00 Std. | Von Oberursel-Hohemark zum Herzbergturm ... 73
| TOP 16 | 5.30 Std. | Eppsteiner Bergtour ... 75
| 17 | 5.45 Std. | Limesspuren bei Idstein ... 78
| 18 | 4.30 Std. | Von Wiesbaden zum Jagdschloss Platte ... 81
| 19 | 4.30 Std. | Von der Weil zum Pferdskopf ... 84
| 20 | 5.30 Std. | Von Braunfels nach Weilburg ... 86
| 21 | 5.00 Std. | Von Diez nach Laurenburg ... 89

Rheingau ... 92
| 22 | 3.45 Std. | Von Hochheim zur Flörsheimer Warte ... 94
| 23 | 5.00 Std. | Im Rheingauer Gebück ... 97
| 24 | 4.30 Std. | Von Eltville zum Kloster Eberbach ... 100

| 25 | 4.00 Std. | Rheingauer Schlössertour | 103 |
| TOP 26 | 4.30 Std. | Rund um Rüdesheim | 106 |

Rheinhessen, Rheinauen und die Mainspitze ... 108
27	2.15 Std.	Drei-Brücken-Tour an der Mainmündung	110
28	2.45 Std.	Im Gau-Algesheimer Hügelland	112
TOP 29	4.30 Std.	Von Bodenheim nach Oppenheim	114
30	3.30 Std.	Stimmungsvolle Kühkopf-Knoblochsaue	117

Wetterau ... 120
31	2.15 Std.	Der Keltenerlebnispfad am Glauberg	122
TOP 32	6.00 Std.	Von Büdingen auf die Ronneburg	124
33	3.45 Std.	Von Bad Nauheim ins Rosendorf Steinfurth	127
34	4.15 Std.	Von Münzenberg zum Kloster Arnsburg	130
35	3.15 Std.	Von Butzbach auf den Hausberg	133

Odenwald ... 136
36	6.15 Std.	Burg Frankenstein und Schloss Heiligenberg	138
TOP 37	5.00 Std.	Schloss Auerbach und der Melibokus	141
38	3.30 Std.	Von Reichelsheim zur Burg Rodenstein	143
39	4.30 Std.	Rund um Erbach und Michelstadt	145
40	2.45 Std.	Unterwegs im Felsenmeer	148

Spessart ... 150
41	5.00 Std.	Von Alzenau auf den Hahnenkamm	152
42	4.15 Std.	Rund um Schloss Mespelbrunn	155
43	3.45 Std.	Von Gelnhausen in den Büdinger Wald	158
44	5.00 Std.	Von Bad Orb nach Kassel (Biebergemünd)	161
TOP 45	7.00 Std.	Auf dem Wartenweg rund um Steinau an der Straße	164

Vogelsberg ... 168
TOP 46	5.00 Std.	Zu den höchsten Gipfeln des Vogelsberges	170
47	4.45 Std.	Zur Herchenhainer Höhe	173
48	4.15 Std.	Rund um Ulrichstein	176
49	5.00 Std.	Auf der Felsentour bei Herbstein	179
50	3.30 Std.	Eschenroder Stauseetour	182

Stichwortverzeichnis ... 186

Allgemeine Hinweise

Gehzeit und Tourenplanung
Die angegebenen Wanderzeiten sind generell als grobe Richtwerte zu betrachten. Jeder Wanderer hat sein eigenes Tempo und kann den Weg auf seine Weise genießen. Bei den Zeitangaben handelt es sich um die reine Gehzeit ohne Pausen. Man sollte also zusätzlich Zeit einplanen, insbesondere um die jeweiligen Ausgangsorte zu erkunden oder unterwegs zu verweilen und Sehenswürdigkeiten zu besichtigen. Auch lassen sich Abstecher vom beschriebenen Weg einschieben.
Wer mit Bahn/Bus anreist bzw. nach einer Streckenwanderung zum Ausgangspunkt zurückkehren möchte, sollte sich im Voraus über die aktuellen Fahrpläne informieren (www.rmv.de und www.bahn.de). Selbstverständlich wurden aber Orte ausgewählt, zu denen eine günstige Bus- bzw. Zugverbindung besteht.

Anforderungen
Die Summe der Anforderungen, die eine Tour unter normalen Bedingungen stellt, drückt sich in der Farbe der Tourennummer aus; zwei Stufen werden unterschieden:

■ **Leicht** Wanderungen auf überwiegend gut ausgebauten und markierten Wegen ohne schwierige Passagen oder übermäßig lange Auf- oder Abstiege.

■ **Mittel** Wanderungen auf Wegen oder Pfaden, die auf einigen Passagen Trittsicherheit erfordern, längere Auf- bzw. Abstiege umfassen und eine gute Kondition verlangen.

Schwierige Touren über wegloses und stark ausgesetztes Gelände gibt es in diesem Wanderführer nicht.

Mainhattan ist grün.

Symbole

🚌	mit Bahn/Bus erreichbar	☩	Kirche, Kapelle, Kloster
✗	Einkehrmöglichkeit unterwegs	♠	Burg, Schloss, Ruine
👪	für Kinder geeignet	∴	archäologische Stätte
▲▲	Ort mit Einkehrmöglichkeit	🗼	Turm / Aussichtsturm / Warte
▲	Einkehrmöglichkeit	∩	Höhle
⌂	Schutzhütte, Unterstand	⊼	Picknickplatz
P	eingerichteter Parkplatz	⚘	Aussichtsplatz
†	Gipfel	🝆	Wasserfall
)(	Brücke	⬤	Quelle

Ausrüstung

Geeignetes Schuhwerk ist der wichtigste Bestandteil für ein vollkommenes Wandervergnügen. Da die Wege in den unterschiedlichen Wandergebieten über Verwurzelungen und loses Gestein führen können, sollte es fest sein und im Idealfall über den Knöchel reichen. Die Sohle sollte ein ausreichendes Profil aufweisen, da einige Passagen insbesondere bei feuchter Witterung rutschig sein können.

In den Mittelgebirgsregionen sollte man Wetterumschwünge einkalkulieren und sowohl einen Regenschutz als auch wärmere Kleidung mitführen. Vor allem im Frühjahr und Herbst können die Temperaturunterschiede zwischen Tälern und höheren Lagen erheblich sein. Auch sollte man die Frühjahrs- und Frühsommersonne in offenem Gelände nicht unterschätzen und ggf. Sonnencreme auftragen. Im Hochsommer sollte man auf jeden Fall eine Kopfbedeckung mitnehmen, wenn längere Teilstücke über offenes Gelände führen. Zur Standardausrüstung gehört eine ausreichende Verpflegung, insbesondere wenn keine Einkehrmöglichkeiten angegeben sind. Genügend Getränke und einen Notproviant sollte man ohnehin immer dabeihaben.

Einkehr und Unterkunft

In der Regel sind die Touren so geplant, dass eine Einkehr unterwegs möglich ist (Symbol im Tourenkopf). Bei Touren ohne Einkehrmöglichkeit unterwegs sollte man ausreichend Verpflegung und Getränke mitnehmen – Brunnen mit Trinkwasser sind eher selten. Wer einen längeren Aufenthalt mit Übernachtungen plant, sollte die Zimmer im Voraus reservieren, insbesondere zu Ferienzeiten, an Wochenenden und in den Weinbaugebieten zur Zeit der Weinlese! Ein besonderer Tipp ist die Einkehr in Weinschenken und Straußwirtschaften. Hier kommt man mit den Einheimischen ins Gespräch und kann die Produkte aus eigener Herstellung genießen.

Top-Touren rund um Frankfurt

Die Nidda flussaufwärts

Eine Wanderung gegen den Strom, denn diese Tour folgt der Nidda ab ihrer Mündung in den Main bei Höchst flussaufwärts bis Bad Vilbel und zeigt dabei viele Facetten längs ihrer Ufer (Tour 5, 5.15 Std.).

Auf den Buchberg

Wer gerne stundenlang durch stille Wälder wandert, wird diese Tour lieben. Dazu viel Fachwerkromantik in Niederrodenbach und tolle Ausblicke vom Buchbergturm (Tour 9, 5.45 Std.).

Königsteiner Taunusberge

Über die Ruine Falkenstein und stimmungsvolle Aussichtsplätze zum urwüchsigen Altkönig mit seinen keltischen Ringwällen (Tour 13, 7 Std.).

Eppsteiner Bergtour

Vom malerischen Eppstein mit seiner Burgruine zu felsigen Aussichtspunkten und einem historischen Reiterhof (Tour 16, 5.30 Std.).

Rund um Rüdesheim

Aus den weinseligen Gassen Rüdesheims über die ehrwürdige Abtei St. Hildegard und das aussichtsreiche Niederwalddenkmal zur Rotwein-Enklave Assmannshausen (Tour 26, 4.30 Std.).

Von Bodenheim nach Oppenheim

Auf den aussichtsreichen Rheinterrassen von Bodenheim über Nierstein nach Oppenheim mit der Ruine Landskron und der prächtigen Katharinenkirche (Tour 29, 4.30 Std.).

Von Büdingen auf die Ronneburg

Büdingen mit seinem mittelalterlichen Stadtbild ist der ideale Ausgangsort für eine erlebnisreiche Wanderung zur Ronneburg, einer der schönsten Burgen Hessens (Tour 32, 6 Std.).

Schloss Auerbach und der Melibokus

Von Zwingenberg zum weithin sichtbaren Schloss Auerbach und zum Melibokus, der höchsten Erhebung des bergstraßenseitigen Odenwaldes (Tour 37, 5 Std.).

Rund um Steinau an der Straße

Tolle Ausblicke in den Spessart und zum Vogelsberg sind bei dieser Wanderung auf dem Wartenweg rund um das märchenhafte Steinau an der Straße garantiert (Tour 45, 7 Std.).

Zu den Gipfeln des Vogelsberges

Die »Grand Tour« zu Hoherodskopf, Taufstein und Bilstein ist eine anspruchsvolle Tour mit vielen landschaftlichen Highlights (Tour 46, 5 Std.).

Beste Wanderzeit

Das gesamte Wandergebiet kann den Wanderer zu jeder Jahreszeit in seinen Bann ziehen, wenngleich der Winter in den Weinregionen wie Rheinhessen und dem Rheingau oder einer Obstanbaugegend wie der Wetterau oder dem Frankfurter Grüngürtel etwas karg anmuten kann. Dort bestehen allerdings größere Chancen auf Sonnenstunden in den offenen Landschaften. Die Höhenlagen von Taunus, Odenwald, Spessart oder Vogelsberg laden in der kalten Jahreszeit bei entsprechenden Verhältnissen zu ausgedehnten Schneewanderungen ein. Grundsätzlich trifft man im Frankfurter Umland auf ein gemäßigtes Klima, mit seltenem Dauerfrost. Auch in kälteren Wintern sinkt die Temperatur kaum länger unter 2 °C. Im Sommer hingegen

wird es mitunter recht heiß, was längere Weinbergwanderungen strapaziös werden lassen kann. An heißen Sommertagen sollte man im offenen Gelände nicht ohne Kopfbedeckung unterwegs sein. Ohnehin empfiehlt es sich, an solchen Tagen waldreiche Höhen aufzusuchen.
Bestens geeignet für unbeschwerte Wandererlebnisse ist die Zeit zwischen Anfang April und Ende Oktober. Sei es das Frühjahr mit der Blüte der Obstbäume, sei es der Sommer mit dem satten Grün der Rebflächen und Laubwälder oder der Herbst mit seiner bunten Farbenpracht, der Erntezeit und den Weinfesten. Beachten Sie auch, dass außerhalb dieses Zeitraums die Besichtigungszeiten von Burgen, Klöstern oder Museen eingeschränkt sein können.

Wegmarkierungen

Unter der Rubrik »Markierung« sind bei jeder Tour alle Ihnen begegnenden Wegzeichen in der Reihenfolge des Wegverlaufes aufgelistet. Dort wo Wegzeichen mehrdeutig oder verwirrend sind, weist der vorliegende Wanderführer eindringlich auf die entsprechenden Wegstellen hin. Beachten Sie daher auch die Texte zum Wegverlauf. Die Autoren haben sich zudem entschieden, verstärkt auf die regelmäßig kontrollierten Hauptwege der großen Wanderclubs zurückzugreifen, da die Erfahrung zeigt, dass örtliche Themenwege zuweilen deutliche Markierungsdefizite aufweisen.
Trotz einer überwiegend hervorragenden Beschilderung der für diesen Wanderführer konzipierten Touren kann es vorkommen, dass Markierungen mit der Zeit zuwachsen, durch Sturmschäden verloren gehen oder Waldarbeiten zum Opfer fallen. Es empfiehlt sich daher, die angegebenen Wanderkarten mitzunehmen bzw. GPS einzusetzen.

GPS-Tracks und Koordinaten der Ausgangspunkte

Zu diesem Wanderführer stehen auf der Internetseite des Bergverlag Rother (www.rother.de) GPS-Tracks und Koordinaten der Ausgangspunkte zum kostenlosen Download bereit.
3. Auflage, Passwort: **446803kcv**
Sämtliche GPS-Daten wurden von den Autoren im Gelände erfasst und auf digitalen Karten überarbeitet. Verlag und Autoren haben die Tracks und Wegpunkte nach bestem Wissen und Gewissen überprüft. Dennoch können wir Fehler oder Abweichungen nicht ausschließen, außerdem können sich die Gegebenheiten vor Ort zwischenzeitlich verändert haben. GPS-Daten sind zwar eine hervorragende Planungs- und Navigationshilfe, erfordern aber nach wie vor sorgfältige Vorbereitung, eigene Orientierungsfähigkeit sowie Sachverstand in der Beurteilung der jeweiligen (Gelände-)Situation. Man sollte sich für die Orientierung auch niemals ausschließlich auf GPS-Gerät und -Daten verlassen.

Wanderkarten

Die Karten in diesem Buch sind zur Orientierung ausreichend, darüber hinaus sind zusätzliche Wanderkarten hilfreich, insbesondere um eigenständig Abstecher oder Varianten einzuplanen. Da die amtlichen Vermessungsbehörden in Hessen und Rheinland-Pfalz mittlerweile keine topografischen Printkarten mehr herstellen, verweisen wir bei jeder Tour auf ein Kartenblatt von regionalen Verlagen. Dank deren Engagement ist in unserem Wandergebiet keine kartografische Versorgungslücke entstanden. Im Einzelnen empfehlen wir für die Touren in diesem Buch folgendes Kartenmaterial:

Frankfurter Stadtgebiet und Grüngürtel
- Die (kostenlose) Grüngürtel-Freizeitkarte 1:25.000 vom Umweltamt der Stadt Frankfurt a.M. (www.frankfurt.de) eignet sich hervorragend für alle Touren in und um Frankfurt.

Taunus mit Lahntal und Rheingau
- Diese Wanderregion wird von acht Kartenblättern des Verlags Naturnavi im Maßstab 1:25.000 abgedeckt. Blattschnitte und sonstige Infos unter www.naturnavi.de.

Rheinhessen
- Mangels größerer Maßstäbe sind für diese Region Einzelblätter der Freizeitkartenserie 1:40.000 der Rheingau-Taunus-Kartographie (RTK) in Niedernhausen empfehlenswert (www.rheingau-taunus-kartographie.de).

Wetterau
- Auch hier sind Karten der Rheingau-Taunus-Kartographie die beste Alternative (siehe Rheinhessen). Wanderkarten im Maßstab 1:25.000 sind im Verlag Naturnavi in Planung (www.naturnavi.de).

Odenwald
- Die Freizeitkartenserie 1:20.000 des Hessischen Vermessungsamtes für den Geo-Naturpark Bergstraße-Odenwald und den Naturpark Neckartal-Odenwald in 21 Kartenblättern wird vom MeKi Landkartenverlag in Griesheim weitergeführt (www.meki-landkarten.de).

Spessart
- In Kooperation mit dem Naturpark Spessart und dem Spessartbund hat der Verlag Main Echo in Aschaffenburg eine Serie von derzeit 14 topografischen Freizeitkarten im Maßstab 1:25.000 herausgegeben. Jedes Kartenblatt deckt ein relativ großes Gebiet ab und enthält eine Fülle an Landschaftsdetails (www.spessartbund.de).

Vogelsberg
- Für dieses Wandergebiet gibt es mittlerweile vom Verlag Naturnavi zwei Karten im Maßstab 1:25.000 – Hoher Vogelsberg und Vogelsberg Süd (www.naturnavi.de).

Naherholungsgebiet Dietesheimer Steinbrüche.

Frankfurt und das Wandergebiet

Die Mainmetropole Frankfurt

Was macht den Reiz von Frankfurt am Main aus? Die Antwort auf diese Frage fällt bei einer Stadt, die gegensätzlicher nicht sein könnte, sehr unterschiedlich aus. Die einen lieben die moderne Metropole mit ihrem pulsierenden Leben und ihrem Weltstadtflair, die anderen ziehen sich lieber in die ruhigeren Viertel des alten Frankfurts zurück, wo bei einem »Ebbelwoi« noch Hessisch »gebabbelt« wird. Für andere wiederum ist es gerade der Kontrast zwischen Kunst und Kommerz, zwischen Tradition und Moderne, zwischen Provinz und großer weiter Welt, der Frankfurt so attraktiv und einmalig macht. Frankfurt ist eine weltoffene, liebens- und lebenswerte Stadt, in der Menschen aus vielen Ländern friedlich zusammen leben und arbeiten. Natürlich weckt der Namen der Stadt zunächst Assoziationen wie Skyline, Mainhattan oder Bankfurt – man denkt unwillkürlich an Frankfurt als Handels- und Bankenmetropole, als Sitz von Bundesbank und Europäischer Zentralbank und als Standort der bedeutendsten deutschen Wertpapierbörse. Auch als Messestadt nimmt Frankfurt eine internationale Spitzenstellung

Freizeit-Fun bei der EZB.

ein, nicht zuletzt durch die jährlich stattfindende Buchmesse. Tagtäglich kommen etwa 325.000 Pendler zum Arbeiten in die Stadt und machen die Mainmetropole damit zur Millionenstadt. Denn normalerweise leben etwas mehr als 700.000 Einwohner zwischen Bergen-Enkheim im Osten und Höchst im Westen, zwischen Nieder-Eschbach im Norden und Schwanheim im Süden. Damit ist Frankfurt die größte Stadt in Hessen und die fünftgrößte in Deutschland – was ihr allerdings nicht geholfen hat, höhere Weihen zu erlangen, denn die Landeshauptstadt Hessens heißt Wiesbaden und als nach dem Krieg in der noch jungen Bundesrepublik eine neue Bundeshauptstadt gesucht wurde, hatte Frankfurt gegenüber Bonn das Nachsehen. Unbestritten ist dagegen wiederum Frankfurts deutschland- und gar europaweite Bedeutung als wichtiger Knotenpunkt für den Auto- und Bahnverkehr. Sowohl das Frankfurter (Autobahn-)Kreuz als auch der Frankfurter Hauptbahnhof zählen zu den verkehrsreichsten Knotenpunkten des Kontinents. Ein internationales Drehkreuz ist zudem Frankfurt Airport, mit ca. 60 Millionen Flugpassagieren jährlich der drittgrößte Flughafen Europas.

Frankfurt ist aber auch eine Stadt von großer historischer Bedeutung: Könige wurden hier gewählt, Kaiser gekrönt und die erste demokratische Volksversammlung Deutschlands trat hier zusammen. Wer das alte Frankfurt sucht, wird allerdings kaum mehr fündig werden. Die Altstadt mit ihrer einst hervorragend erhaltenen mittelalterlichen Bausubstanz ging im Bombenhagel des Zweiten Weltkrieges unter. Lediglich rund um den Römerberg, einen der bekanntesten Stadtplätze Deutschlands, finden sich wiederaufgebaute Relikte der historischen Altstadt. Besser als das Fachwerk haben jedoch die Gebäude aus der Gründerzeit außerhalb der Innenstadt den Krieg überstanden. Ansonsten hat sich Frankfurts Stadtbild durch den Wiederaufbau radikal geändert, aus den Trümmern erwuchs eine neue Stadt in einer modernen Bauweise. Ab Mitte der 50er-Jahre des 20. Jh. wurden nach und nach die ersten Hochhäuser gebaut, die der Stadt schließlich mit der Skyline eine neue Sehenswürdigkeit ersten Ranges bescherten. Durch den Bauboom der 80er- und 90er-Jahre ragen heute etwa hundert Wolkenkratzer in den Frankfurter Himmel. Mit fast 300 m Höhe (inklusive Antenne) ist der Commerzbank Tower der Gigant unter ihnen. Der einzige mit einer jedermann zugänglichen Aussichtsterrasse und zugleich höchster Aussichtspunkt Frankfurts ist der Main Tower.

Unbestritten ist auch Frankfurts kulturelle Bedeutung, die sich unter anderem an seiner Museumsdichte ablesen lässt. Mehr als 60 große und kleine Sammlungen sind über die Stadt verteilt, darunter so bedeutende Häuser wie das Städel Kunstmuseum, die Schirn Kunsthalle, das Jüdische Museum oder das Naturmuseum Senckenberg. Wichtig für den Kulturstandort Frankfurt ist zudem die Präsenz der Deutschen Nationalbibliothek und des Börsenvereins des Deutschen Buchhandels sowie zahlreicher Verlage und Medienunternehmen.

Sehenswürdigkeiten in den Wanderorten

Frankfurt

Altstadt mit Dom, Paulskirche und Römerberg, Neue Altstadt, Goethehaus, Museumsufer, Zoo, Palmengarten, City mit Alter Oper und Freßgass, Sachsenhausen, Höchst mit Altstadt und Schloss, Naturmuseum Senckenberg, Flughafen Frankfurt; www.frankfurt.de

Bad Nauheim

Kurpark, Sprudelhof, Rosendorf Steinfurth; www.bad-nauheim.de

Bad Soden am Taunus

Kurpark, Hundertwasserhaus; www.bad-soden.de

Bad Vilbel

Altstadt, Wasserburg, Römermosaik, Kurpark; www.bad-vilbel.de

Braunfels

Altstadt, Schloss; www.braunfels.de

Büdingen

Altstadt; www.stadt-buedingen.de

Butzbach

Altstadt mit Marktplatz, Landgrafenschloss; www.stadt-butzbach.de

Darmstadt

Künstlerkolonie Mathildenhöhe, Luisenplatz und Ludwigsmonument, Park Rosenhöhe, Residenzschloss, Hessisches Landesmuseum; www.darmstadt.de

Diez

Altstadt, Grafenschloss, Schloss Oranienstein; www.stadt-diez.de

Eltville am Rhein

Altstadt; www.eltville.de

Erbach im Odenwald

Schloss, Elfenbeinmuseum; www.erbach.de

Gelnhausen

Altstadt, Kaiserpfalz; www.gelnhausen.de

Hanau

Schloss Philippsruhe, Kuranlage Wilhelmsbad Altstadt Hanau-Steinheim, Schloss Steinheim, Wildpark Alte Fasanerie; www.hanau.de

Idstein

Altstadt, Residenzschloss, Hexenturm; www.idstein.de

Königstein im Taunus

Altstadt, Burgruine, Kurbad; www.koenigstein.de

Kronberg im Taunus

Altstadt, Burg Kronberg, Opelzoo; www.kronberg.de

Mainz

Dom, Gutenberg-Museum, Kurfürstliches Schloss, Römisch-Germanisches Zentralmuseum; www.mainz.de

Michelstadt

Historisches Rathaus, Kellerei, Einhardsbasilika, Englischer Garten Eulbach; www.michelstadt.de

Oppenheim

Ruine Landskron, Katharinenkirche, Kellerlabyrinth; www.stadt-oppenheim.de

Rüdesheim am Rhein

Altstadt, Niederwalddenkmal, Abtei St. Hildegard; www.ruedesheim.de.

Rüsselsheim

Rüsselsheimer Festung, Industriemuseum, Opel-Villen; www.ruesselsheim.de

Seligenstadt

Altstadt, Einhardbasilika, Klostergarten, Wasserburg Klein-Welzheim; www.seligenstadt.de

Weilburg
Schloss, Wildpark, Kristallhöhle; www.weilburg.de

Wiesbaden
Kurhaus mit Kurpark und Staatstheater, Schlossplatz mit Marktkirche, Stadtschloss (Hessischer Landtag), Neroberg, Schloss Biebrich; www.wiesbaden.de

Zwingenberg
Altstadt; www.zwingenberg.de

Die Lage der Stadt am Main bedingt, dass Frankfurt traditionell in »Hibbdebach« für den Alt- und Innenstadtbereich und »Dribbdebach« für Sachsenhausen eingeteilt wird. Es führen etwa 20 Brücken und Stege über den Main; eine der ältesten ist die Alte Brücke, die dort erbaut wurde, wo sich die Furt befand, die der Stadt einst ihren Namen gab. Bei Verliebten ist der Eiserne Steg besonders beliebt, um dort ein Liebesschloss anzubringen. Und dann hat die Stadt natürlich einiges zu bieten, was es so nur in Frankfurt gibt: Neben der unverwechselbaren Frankfurter Mundart (»Ei Gude wie?«) und typisch Frankfurter kulinarischen Spezialitäten wie »Handkäs mit Musik«, Grüner Soße und dem Frankfurter Kranz muss hier natürlich das »Stöffche« genannt werden. So bezeichnen die Mainstädter ihr Nationalgetränk, den »Ebbelwoi« (Apfelwein), der in großen Steingutkrügen, dem Bembel, ausgeschenkt und aus den typischen Apfelweingläsern, dem Gerippten, getrunken wird. Außerdem gehören zum Stadtbild von Frankfurt traditionell die sogenannten Wasserhäuschen, die heute weit mehr anbieten als frisches Mineralwasser, wie es früher ihre Aufgabe war. Es gibt noch mehr als 300 von diesen Kiosken verteilt über das ganze Stadtgebiet und zu ihren Kunden zählen Banker ebenso wie Obdachlose – das pralle Frankfurter Leben eben.

Sonne tanken am Main.

Klima
Obwohl von Mittelgebirgen umgeben, verfügt das in der Mainebene gelegene Frankfurt über ein ausgesprochen mildes Klima mit relativ wenigen Niederschlägen. Dies ist darauf zurückzuführen, dass das Rhein-Main-Gebiet am nördlichen Ende der Oberrheinischen Tiefebene liegt, die wiederum zu den wärmsten Regionen Deutschlands zählt. Die durchschnittliche Jahrestemperatur beträgt in Frankfurt 10,6 Grad, wobei im Sommer das Thermometer bis auf über 35 Grad ansteigen kann und die Winter eher frost- und schneearm sind.

Das Umland
Frankfurt verfügt – sozusagen als i-Tüpfelchen – über ein ausgesprochen attraktives Umland, wo für jeden etwas geboten wird, sei es für Wanderer, Radfahrer oder Wochenendausflügler. Dank des gut ausgebauten Nahverkehrsnetzes des Rhein-Main-Verkehrsverbundes (RMV) sind von Frankfurt aus eine Vielzahl an landschaftlichen Highlights und Freizeitmöglichkeiten mit Bus und Bahn einfach und bequem zu erreichen. Wer lieber mit dem eigenen PKW anreisen möchte, findet fast überall günstig gelegene Wanderparkplätze und sonstige Parkmöglichkeiten. Rund um die Mainmetropole gruppieren sich die folgenden Landschaften: im Nordwesten der Taunus, im Norden und Nordosten die Wetterau mit dem Vogelsberg, im Osten und Südosten der Spessart, im Süden der Odenwald, im Südwesten die Bergstraße und das Hessische Ried, im Westen Rheinhessen und der Rheingau. Nähere Beschreibungen dieser einzelnen Landschaften sind den jeweiligen Touren dieses Wanderführers vorangestellt (s. Inhaltsverzeichnis).

Geografie und Geologie des Wandergebietes
Der heute fast schon selbstverständlich gebrauchte Begriff Rhein-Main für den Großraum Frankfurt hat primär eine wirtschaftsgeografische Bedeutung. Er umreißt in etwa das Gebiet von Bad Homburg im Norden bis Darmstadt im Süden, von Aschaffenburg im Osten bis Mainz im Westen. In diesem bundesländübergreifenden Ballungsraum leben derzeit etwa 3,4 Millionen Menschen und in der offiziellen Metropolregion Frankfurt/Rhein-Main, die sich sogar bis Marburg und Fulda erstreckt, sind es insgesamt 5,5 Millionen Einwohner. Der Ballungsraum Rhein-Main zeichnet sich durch einen enormen Flächenverbrauch für Wohngebiete, Gewerbeflächen und Verkehrswege aus, weshalb es manchmal schwer fällt, hier überhaupt noch natürliche Landschaftsformen wahrzunehmen.
Doch die naturräumliche Gliederung des Rhein-Main-Gebietes ist weit vielschichtiger, als man es auf den ersten Blick vermuten würde. Frankfurt selbst liegt in der Hessischen Mainebene, deren Topographie sich vorwiegend aus geologisch jungen Terrassen zusammensetzt, die der Main in mehreren hunderttausend Jahren gebildet hat. Besonders erwähnenswert ist im Wes-

ten der Stadt die Schwanheimer Düne als ein Relikt der Nacheiszeit. Mehr Informationen über Geologie und Naturgeschichte des Rhein-Main-Gebietes hält das weltberühmte Naturmuseum Senckenberg in Frankfurt in spannenden Ausstellungen für interessierte Besucher bereit.

Rund um die Hessische Mainebene gruppieren sich im Uhrzeigersinn die folgenden Großlandschaften: im Norden das flachwellige Senkungsgebiet der Wetterau, das im Nordosten in den vulkanisch geprägten Vogelsberg übergeht, im Osten der Spessart und im Süden der Odenwald – beide überwiegend aus Buntsandstein bestehend.

Basaltformation Wilder Stein bei Büdingen.

Vom Südwesten reicht die Oberrheinische Tiefebene ins Rhein-Main-Gebiet hinein – deren Nordostrand wird auch Hessisches Ried genannt. Daran schließt sich im Westen das Rheinhessische Hügelland (geologisch auch Mainzer Becken genannt) an. Und schließlich erstreckt sich im Nordwesten der Taunus als östlichster Ausläufer des Rheinischen Schiefergebirges. Außerdem liegen im Rhein-Main-Gebiet noch einige kleinere Landschaftseinheiten wie die Hanau-Seligenstädter-Senke zwischen Hessischer Mainebene, Wetterau und Spessart oder der Sprendlinger Horst als eine tektonisch begrenzte Hochscholle nördlich des Odenwaldes. Gerade Letzterer hat mit der Grube Messel einen Fossilfundort von Weltrang zu bieten, den die UNESCO sogar in die Liste des Weltnaturerbes aufgenommen hat. Neben vielen anderen, hervorragend erhaltenen tierischen Fossilien aus der Tertiärzeit (Eozän) wurde vor allem das hier gefundene »Urpferdchen« berühmt.

Die geologischen Verhältnisse im Rhein-Main-Gebiet werden hauptsächlich vom Oberrheingraben bestimmt, der sich im Tertiär an einer Schwächezone der Erdkruste – der sogenannten Mittelmeer-Mjösen-Zone – abgesenkt hat, als sich im Süden die Alpen auffalteten. Damals drang das Meer bis in unseren Raum vor und hinterließ kalkige, tonige und sandige Sedimentgesteine vom Mainzer Becken bis in die Wetterau; zeitgleich kam es zu vulkanischen Eruptionen im Vogelsberg, in der Wetterau und vereinzelt im Rhein-Main-Gebiet (z. B. Dietesheimer Steinbrüche). Im Prinzip halten die Senkungsbewegungen des Oberrheingrabens bis heute an, was an seismischen Aktivitäten durchaus von Zeit zu Zeit spürbar ist. Glücklicherweise ist nur mit Erdbeben von geringer Intensität zu rechnen, aber in der Vergangenheit waren immer wieder leichte Erdstöße im Raum Frankfurt zu verzeichnen.

Geschichte des Frankfurter Raums

Für die ältesten Epochen der Menschheitsgeschichte von der Steinzeit bis in die Eisenzeit gibt es im Raum Frankfurt zahlreiche Belege. Besonders der Domhügel im Zentrum der Mainmetropole zwischen Dom und Römer weist Spuren menschlicher Besiedlung seit der Jungsteinzeit (ca. 6000 v. Chr.) auf. Etwa 500 Jahre lang siedeln dann die Kelten dort, bis sich mit dem Beginn unserer Zeitrechnung der germanische Stamm der Chatten, die Vorfahren der heutigen Hessen, am Main niederlassen. Um 70 n. Chr. wird das Rhein-Main-Gebiet Teil der römischen Provinz Obergermanien, die von Mogontiacum, dem heutigen Mainz, aus verwaltet wird. Die Römer errichten zahlreiche Kastelle (u. a. die Saalburg im Taunus) und Gutshöfe (sogenannte villae rusticae) und gründen weitere Städte wie Nida (im heutigen Frankfurt-Heddernheim) und Aquae Mattiacorum (das heutige Wiesbaden). Der über den Kamm des Taunus und quer durch die Wetterau verlaufende Limes belegt die strategische Bedeutung des Frankfurter Raumes in römischer Zeit.

Im frühen Mittelalter breiten sich die Franken von Nordfrankreich aus über den gesamten süddeutschen Raum aus und die edeln dabei auch das Untermaingebiet. Unter Karl dem Großen entsteht auf dem Domhügel ein Königshof. Dessen erste urkundliche Erwähnung datiert aus einer Schenkungsurkunde des Frankenherrschers aus dem Jahr 794 als »Franconofurd« (Furt der Franken). Der Ort wird ein wichtiges Zentrum des ostfränkischen

Fachwerkromantik rund um den Frankfurter Römer.

Reiches und erlebt 855 gar seine erste Königswahl. Bis 1792 werden hier 36 Könige gewählt und zehn davon zum deutschen Kaiser gekrönt. Doch erst unter den Staufern (1138–1254) entwickelt sich Frankfurt zur Stadt. In ihrer Regierungszeit blühen Handel und Verkehr auf und die Bevölkerung wächst rasant an. Zurückzuführen ist dieser Aufschwung vor allem auf die Durchführung der Messe (seit 1160), die Frankfurts Bedeutung als Handelszentrum begründet. Im Jahr 1220 wird Frankfurt freie Reichsstadt, 1311 erhält es seine erste Selbstverwaltung. In der Goldenen Bulle von 1356 bestätigt Kaiser Karl IV. Frankfurt als Ort der deutschen Königswahl. Die jüdische Bevölkerung hat im 13. und 14. Jh. mehrfach unter Pogromen zu leiden; ihr wird ein Ghetto außerhalb der Altstadt, die Judengasse, zugewiesen.

Ab 1520 gewinnt die Reformation zunehmend Anhänger in der Stadt, was 1533 sogar zum Verbot des katholischen Glaubens führt. Nach dem Augsburger Religionsfrieden wird Frankfurt jedoch wieder gemischtkonfessionell. Zunehmend kommen nun Kaufleute aus dem Ausland in die prosperierende Handelsstadt, was 1585 erstmals zur Festlegung fester Wechselkurse der unterschiedlichen Währungen führt. Damit ist die Frankfurter Börse geboren. Nach dem Dreißigjährigen Krieg, den Frankfurt glimpflich übersteht, machen der Stadt Brände und Pestepidemien bis ins 18. Jh. hinein schwer zu schaffen. Dazu kommen ab dem Siebenjährigen Krieg (1756–1763) bis 1806 mehrere französische Besetzungen. Unter Napoleon verliert die Stadt im Januar 1806 ihre Selbstständigkeit und wird dem Mainzer Erzbischof Karl von Dalberg zugesprochen. Dessen Großherzogtum endet aber bereits 1813 mit der Niederlage Napoleons in der Völkerschlacht bei Leipzig. Nach dem Wiener Kongress wird Frankfurt zu einer Freien Stadt des Deutschen Bundes und sogar Sitz des Bundestages. Nach den Kämpfen des Vormärz versammeln sich demokratische Abgeordnete aus ganz Deutschland vom 31. März bis 3. April 1848 zur ersten deutschen Nationalversammlung in der Frankfurter Paulskirche. Die von diesem Parlament verabschiedete Verfassung scheitert jedoch an der Weigerung der Fürsten. Nach dem Krieg und Sieg Preußens über Österreich (1866) kommt es zur Auflösung des Deutschen Bundes; Frankfurt wird von Preußen annektiert, verliert seine Selbstständigkeit und wird in die Provinz Hessen-Nassau eingegliedert. Das schwierige Verhältnis zwischen Stadt und neuer Obrigkeit ändert sich erst, als die sogenannten Gründerjahre Frankfurt einen wirtschaftlichen Aufschwung und den Aufstieg zur Großstadt bescheren.

In der Zeit der NS-Diktatur werden in Frankfurt mehr als 10.000 jüdische Mitbürger deportiert und ermordet. Die Stadt wird durch Bombenangriffe der Alliierten im Zweiten Weltkrieg schwer beschädigt. Der Wiederaufbau der 50er- und 60er-Jahre verändert das Stadtbild grundlegend, die Silhouette der neuen Skyline wird zum Synonym für den wiedererstandenen Handels- und Bankenstandort. Durch den Zuzug vieler Menschen aus dem Ausland wird Frankfurt eine weltoffene Stadt mit internationalem Flair.

Frankfurter Stadtgebiet und Grüngürtel

Eine hektische Großstadt und ihr eng bebautes Umland als Ziel erlebnisreicher Wandertouren? Im Falle von Frankfurt kann diese Frage eindeutig mit Ja beantwortet werden. Denn die Mainmetropole ist trotz ihres »Mainhattan«-Images eine überschaubare Stadt, deren Ausdehnung sowohl in Nord-Süd- wie auch in West-Ost-Richtung jeweils nur etwas mehr als 23 km beträgt. Nicht zu Unrecht vermarktet sich die Stadt als »kleinste Metropole der Welt« oder spricht von sich selbst als »urbanem Dorf«. Was liegt da näher, als sich die interessanten und sehenswerten Orte zu Fuß zu erschließen? Die Innenstadt lässt sich bequem vom Ostend bis zum Westend in einer guten halben Stunde durchqueren – am besten auf der Zeil, Frankfurts berühmter Einkaufsmeile, vom Alfred-Brehm-Platz im Osten bis zur Alten Oper im Westen. Gut flanieren lässt es sich außerdem über die langgezogene Berger Straße oder über die Leipziger Straße in Bockenheim. Im Stadtgebiet sind zudem vom Grünflächen- und Umweltamt einzelne Wander- bzw. Spazierwege angelegt worden, die jeweils ein spezielles Thema in den Blickpunkt rücken (mehr dazu auf www.frankfurt.de).

Zudem ist Frankfurt eine durchaus grüne Stadt, denn es gibt hier mehr als 40 Park- und Grünanlagen. Die Innenstadt wird zickzackförmig vom sogenannten **Anlagenring** umgeben, der Anfang des 19. Jh. angelegt wurde. Damals wurde die barocke Stadtbefestigung mit ihren großen Bastionen abgerissen und in der »Wallservitut« von 1827 wurde vom Rat der Stadt verfügt, dass die in Grünflächen umgewandelten Wallanlagen nicht bebaut werden dürfen – diese Verordnung hat bis heute Gültigkeit. Viele kleinere Parkanlagen in der Stadt waren einstmals private Gärten von reichen Frankfurter Familien wie der Bethmannpark mit seinem chinesischen Garten des Himmlischen Friedens oder auch der Holzhausenpark. Heute sind sie für jedermann frei zugänglich. Auch außerhalb der Innenstadt bis hinein in die Vororte finden sich weitere Parks wie der Ostpark, der Rebstockpark, der Brentanopark, der Volkspark Niddatal, der Huthpark und der Lohrpark, und sie alle sind

Emblem des Grüngürtels.

Rast am Lohrberg mit Blick zur Skyline.

wesentliche Bestandteile der grünen Lunge Frankfurts. Mit dem Palmengarten und dem Zoologischen Garten verfügt die Mainmetropole mitten in der Stadt zudem über zwei ganz besonders besuchenswerte Grünanlagen.
Genaugenommen gehören die innerstädtischen Grünflächen zum **Frankfurter Grüngürtel**, einem deutschlandweit einmaligen urbanen Landschaftsschutzgebiet. Er schmiegt sich um den bebauten Kern von Frankfurt und umfasst mit ca. 8000 ha ein Drittel des Stadtgebietes. Der Grüngürtel wurde 1991 in einer eigenen Grüngürtel-Verfassung unter Schutz gestellt und 1994 vom Land Hessen zum Landschaftsschutzgebiet erklärt. Dadurch sollen der zunehmenden Zersiedelung des Frankfurter Raumes Einhalt geboten und Lebensräume für Tiere und Pflanzen erhalten werden. Ferner ist der Grüngürtel ein wichtiger Erholungsraum für die Stadtbevölkerung mit vielfältigen Möglichkeiten für eine aktive Freizeitgestaltung. Der Grüngürtel setzt sich aus drei Landschaften zusammen:
Das **Niddatal** im Norden und Nordwesten ist geprägt von einer Auen- und Wiesenlandschaft (s. Tour 5).
Der **Berger Rücken** im Nordosten ist sozusagen Frankfurts Dach mit den höchsten Erhebungen des Stadtgebietes (Heiligenstock, Gisisberg, Lohrberg, Berger Warte; s. Tour 2). Sein geologischer Aufbau setzt sich aus einer Wechsellagerung von tertiären Kalken und Mergeln mit eingelagerten Basaltgängen zusammen. Zwischen dem Berger Südhang und dem Main liegen die ehemaligen Mainauen mit ihren Feuchtgebieten.

Das »GrünGürtel-Tier«.

Der **Stadtwald** erstreckt sich im Süden von Frankfurt auf einer Fläche von 4800 ha und verfügt über ein Wanderwegenetz von 450 km. Er bietet zahlreiche Freizeitmöglichkeiten für Groß und Klein – darunter mehrere Kinderspielplätze, neun Weiher und den Goetheturm (s. Tour 1 und 4).

Die Schaffung des Grüngürtels hat seinerzeit nicht nur Naturfreunde und Freizeitaktivisten aller Art begeistert, sondern auch eine Gruppe legendärer Frankfurter Künstler und Satiriker, die unter dem Namen **Neue Frankfurter Schule** berühmt geworden ist. Der Dichter und Zeichner Robert Gernhardt (1937–2006) war der Meinung, dass der Grüngürtel unbedingt ein Wappentier haben sollte und schuf daher 2001 das »GrünGürtel-Tier«. Das possierliche Tierchen ist heute an verschiedenen Plätzen im Grüngürtel zu finden, das schönste Exemplar aber prangt in Bronze gegossen an der Robert-Gernhardt-Brücke, die über die Nidda zum Alten Flugplatz führt (s. Tour 5). Gernhardts Freund und Kollege F. K. Waechter (1937–2005) ließ sich von dessen Begeisterung anstecken und schuf weitere Meisterwerke der komischen Kunst im Grüngürtel wie den »Monsterspecht«, die »Eule im Norwegerpulli« oder den »Pinkelbaum« (s. Tour 4). Weitere Exponate stammen von Hans Traxler (»ICH-Denkmal«; s. Tour 1), F. W. Bernstein (»Elfmeterpunkt«), Chlodwig Poth (»Poth-Plätzchen«) und Kurt Halbritter (»Barfüßer«). Die Standorte aller Objekte sind in der kostenlos erhältlichen GrünGürtel-Freizeitkarte eingetragen und damit leicht auffindbar.

Wer Frankfurt einmal im Grünen umrunden möchte, kann dies auf dem 66,5 km langen **GrünGürtel-Rundwanderweg** tun. Die Stadt Frankfurt empfiehlt auf ihrer Website (www.frankfurt.de) folgende Etappeneinteilung:

Etappe 1: Von Berkersheim zur Römerstadt, 8,9 km
Etappe 2: Von der Römerstadt nach Nied, 9,4 km
Etappe 3: Von Nied zum Unterwald, 8,3 km
Etappe 4: Von Goldstein zur Oberschweinstiege, 8,3 km
Etappe 5: Von der Oberschweinstiege nach Oberrad, 7,8 km
Etappe 6: Von Oberrad nach Enkheim, 7 km
Etappe 7: Von Erlenbruch nach Bergen, 8,4 km
Etappe 8: Von Bergen nach Berkersheim, 8,4 km

Aber natürlich kann sich jeder Wanderer die Strecke individuell so einteilen, wie es seinen Vorstellungen entspricht. Und eine Haltestelle des öffentlichen Nahverkehrs ist immer in der Nähe! Es gibt am Wege übrigens neun Stempelstelen, wo man sich seinen Wanderpass prägen lassen kann. Wer alle neun Stempel bei der Bürgerberatung vorweisen kann, erhält als Belohnung einen Anstecker mit einem goldenen GrünGürtel-Tier.

Die Fortsetzung des Grüngürtels über die Frankfurter Stadtgrenzen hinaus nennt sich **Regionalpark Rhein-Main**. Dieses Gemeinschaftsprojekt zwischen vielen Städten, Kommunen und Kreisen in der Metropolregion Rhein-Main wurde primär zum Schutz wichtiger Landschaftsräume begründet, die wesentlich zur Lebensqualität der Bevölkerung beitragen. Zu den Aufgaben des Regionalparks gehören unter anderem die Umsetzung landschaftsarchitektonischer Projekte ebenso wie Renaturierungen und die Veranschaulichung historischer Spuren in der Landschaft. Interessante Landschaftselemente werden zu markierten Regionalpark-Routen verbunden, wobei sich das geplante Routennetz von über 1200 km von Rüdesheim im Rheingau bis in die nördliche Wetterau, vom Hessischen Ried im Süden bis weit in das Kinzigtal im Osten erstrecken wird. Bis dato sind etwa 550 km und mehr als 300 Ausflugsziele verwirklicht worden. In den Weilheimer Kiesgruben bei Flörsheim und im Wetterpark von Offenbach wurden zwei Regionalpark-Portale als Informationszentren des Regionalparks Rhein-Main eingerichtet. Die 190 km lange Regionalpark-Rundroute ist primär für Radfahrer gedacht, ihre Wegweiser können aber auch für Wanderer nützlich sein. Wir haben in diesem Gebiet vornehmlich Touren um die Städte Hanau und Offenbach ausgewählt.

Schloss Höchst.

1 Auf Goethes Spuren

2.45 Std.

Hibbdebach und Dribbdebach

Kein geringerer als der bedeutendste Sohn Frankfurts geleitet uns auf dieser Wanderung durch seine Geburtsstadt. Johann Wolfgang Goethe wurde am 28. August 1749 hier geboren, verbrachte aber die längste Zeit seines Lebens – von 1775 bis zu seinem Tod 1832 – in Weimar. Während seines Aufenthalts in Frankfurt in den Jahren 1814 und 1815 hatte der bereits angegraute Dichter eine heftige Liaison mit der Bankiersgattin Marianne von Willemer. Der mit einem Goethe-Portrait aus der Feder des Frankfurter Karikaturisten Hans Traxler ausgeschilderte Wanderweg führt zu den Plätzen dieser Liebesgeschichte sowie zu weiteren Goethe-Stätten. Offiziell beginnt der Rundweg am Goethehaus mitten in der Stadt, wir starten aber im Grünen – nämlich beim Goetheturm im Frankfurter Stadtwald.

Ausgangspunkt: Frankfurt-Sachsenhausen, Parkplatz am Goetheturm, 144 m. Erreichbar mit Buslinie 48 vom Südbahnhof bis Haltestelle »Goetheturm«. Anfahrt mit PKW über Darmstädter Landstraße und Sachsenhäuser Landwehrweg (Navi: 60599 Frankfurt am Main, Sachsenhäuser Landwehrweg 39).
Höhenunterschied: 60 m.
Anforderungen: Zum einen auf Asphalt durchs Stadtgebiet, zum anderen auf Schotter durch Grünanlagen und Wald, auch für Kinderwagen geeignet.
Markierung: Stilisiertes Goethe-Portrait von Hans Traxler (Goethe-Wanderweg).
Einkehr: Gaststätte Goetheruh, Clubhäuser der Rudervereine, Gerbermühle, Hensels Felsenkeller in Oberrad (Mo und Di Ruhetag).
Karte: GrünGürtel Freizeitkarte (1:25.000, Umweltamt der Stadt Frankfurt a.M.).
Information: Umweltamt der Stadt Frankfurt (Galvanistr. 28, 60486 Frankfurt a.M., Tel. +49/69/212/39100, www.frankfurt.de).

Warum nicht erst den **Goetheturm (1)** besteigen, bevor wir uns auf den Weg machen? Der 43 m hohe Holzturm fiel im Herbst 2017 einem Brandanschlag zum Opfer, wurde aber Ende 2020 wieder originalgetreu errichtet. Er bietet eine atemberaubend schöne Aussicht auf Frankfurt samt Skyline und die umliegenden Mittelgebirge (geschlossen vom 1.11. bis 31.03.). Wieder am Boden, biegen wir beim Parkplatz in den Wendelsweg ein und folgen der Markierung des Goetheweges vorbei an Kleingartenanlagen und dem Seehofpark stadteinwärts. In der Steinhausenstraße geht es rechts und dann gleich wieder links in den Hühnerweg. Hier stoßen wir auf das **Willemer-Häuschen (2)**, einen kleinen achteckigen verschieferten Turm, der einstmals mitten in Weinbergen lag und dem Wächter als Aus-

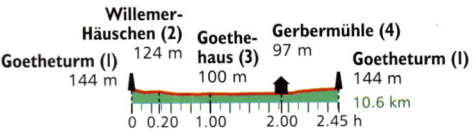

guck diente. Marianne von Willemers Ehemann ließ das Türmchen zu einem Gartenhaus umgestalten. Über den Johanna-Melber-Weg, den Wendelsweg und den Wendelsplatz erreichen wir die breite Darmstädter Landstraße, der wir nach rechts stadteinwärts bis zum Affentorplatz folgen. Hier gehen wir links über die Wall- und Schulstraße bis zum Schaumainkai und dann auf dem **Eisernen Steg** mit seinen Unmengen von Liebesschlössern an den Geländern über den Main. Bisher waren wir stets »dribbdebach« unterwegs, also auf der Sachsenhäuser Mainseite, jetzt haben wir endlich »hibbdebach« erreicht, wie alteingesessene Frankfurter ihre Seite des Flusses bezeichnen. Vor dem Römerberg geht es links in die Alte Mainzer Gasse, dann beim ehemaligen Karmeliterkloster rechts bis zur Berliner Straße. Dort halten wir uns links und dann gleich wieder rechts in den Großen Hirschgraben zum **Goethehaus (3)** mit Museum. Mit der bekannten Markierung geht es weiter über Weißadler-

Endlich steht er wieder – der Goetheturm im Stadtwald.

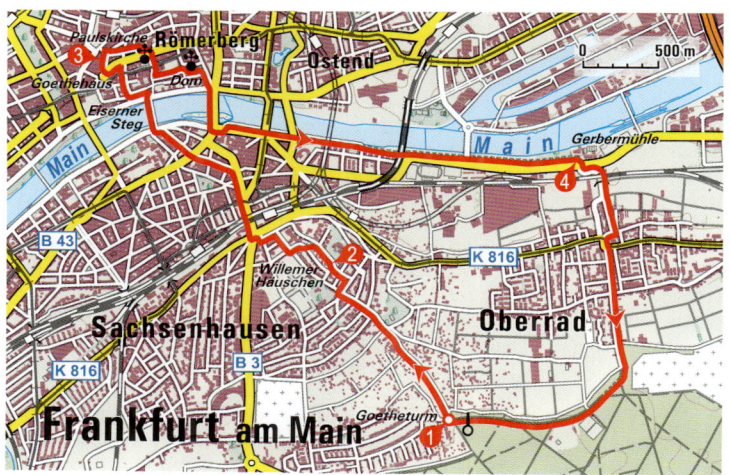

»Dribbdebach« unterwegs am Mainufer.

gasse, Kornmarkt und Sandgasse, bis wir erneut auf die Berliner Straße stoßen. Diese überqueren wir und passieren rechter Hand die **Paulskirche**, den Tagungsort des ersten deutschen Parlamentes im Jahr 1848. Weiter geht es über den Paulsplatz und die Braubachstraße hinweg zum Römerberg und vorbei am **Römer**, dem Frankfurter Wahrzeichen schlechthin. Nun gehen wir quer über den Platz nach links in Richtung **Dom**, der Krönungsstätte von zehn deutschen Kaisern, und über den Weckmarkt und die Fahrgasse in Richtung Mainufer. Wir überqueren den Fluss auf der »Alten Brücke« und zwar auf dem linken Bürgersteig, denn auf der Sachsenhäuser Seite nehmen wir gleich die Treppe hinab zur Uferpromenade, der wir nach Osten flussaufwärts folgen. Beim Flanieren durch die Grünanlagen entlang des Mains lohnt sich immer wieder ein Blick aufs andere Ufer: Erst taucht der Turm der EZB auf, dann der Molenkopf, die Einfahrt zum Frankfurter Osthafen. Kurz vor Erreichen der Gerbermühle laden rechter Hand die (jedermann zugänglichen) Clubhäuser der Rudervereine mit ihren Biergärten zur Einkehr ein und wir passieren das »ICH-Denkmal« des Künstlers Hans Traxler, wo sich jeder selber auf den Sockel stellen kann. Der Bankier Johann Jakob Willemer pachtete 1785 die **Gerbermühle (4)** als Sommersitz, in dem auch Goethe mehrere Male zu Besuch war. Heute ist das Gebäude ein beliebtes Ausflugslokal. Weiter geht es über die Gerbermühl- in die Wasserhofstraße und dieser folgen wir stets bis **Oberrad**. Dort weist uns die Markierung zuverlässig durch den Ort und vorbei am Waldfriedhof Oberrad. Bei der Buchrainschneise biegen wir rechts in den Wald ab und nach wenigen Metern gleich wieder rechts in den Sachsenhäuser Landwehrweg. Diesem folgen wir vorbei am Waldspielpark Scheerwald zurück zum **Goetheturm (1)**.

Über den Lohrberg zum höchsten Punkt Frankfurts

2.30 Std.

Auf dem Quellen-Wanderweg über den Berger Rücken

Am Südhang des Berger Rückens im Frankfurter Nordosten gelangen bedingt durch den geologischen Aufbau des Berghanges zahlreiche Quellen an die Erdoberfläche. Manche von ihnen wurden als Mühlenantrieb genutzt, andere als Brunnen für die Trinkwasserversorgung, wieder andere bilden die Grundlage für die Entstehung von Feuchtbiotopen. Der Quellen-Wanderweg folgt ihren Spuren vom Alteborn in Seckbach über den Lohrberg bis zum Schelmengraben in Bergen. Unsere Wanderung orientiert sich weitgehend an seiner Wegführung, macht aber noch, sozusagen als Zugabe, einen Bogen zur Berger Warte, dem höchsten topographischen Punkt des Frankfurter Stadtgebietes.

Ausgangspunkt: Bushaltestelle »Budge-Heim / Lohrberg« (Linie 43) an der Wilhelmshöher Straße, 134 m. Anfahrt mit PKW nicht empfehlenswert, kaum Parkmöglichkeiten vorhanden (Navi: 60389 Frankfurt a.M., Wilhelmshöher Str. 279).
Endpunkt: Frankfurt-Seckbach, Bushaltestelle »Atzelberg Ost« (Linie 38), 112 m.
Höhenunterschied: 120 m im Aufstieg, 150 m im Abstieg.
Anforderungen: Meist auf Asphalt, zur einen Hälfte durch Wohngebiet, zur anderen über die Feldflur und über den Lohrpark.
Markierung: Wasserspeiendes Grün-Gürtel-Tier, teilweise ohne Markierung.
Einkehr: Bergen, Enkheim (»Zur Traube«), Main-Äppel-Haus (Mo Ruhetag), Lohrberg-Schänke.
Karte: GrünGürtel Freizeitkarte (1:25.000, Umweltamt der Stadt Frankfurt a.M.).
Information: Umweltamt der Stadt Frankfurt (Galvanistr. 28, 60486 Frankfurt a.M., Tel. +49/69/212/39100, www.frankfurt.de).

Frankfurts höchster topographischer Punkt: die Berger Warte.

Von der **Bushaltestelle »Budge-Heim« (1)** folgen wir der Wilhelmshöher Straße einige Meter nach Osten und biegen bei erster Gelegenheit nach links in den Klingenweg ein. An der Kreuzung mit der Kirch-

Blick vom Lohrberg über die Weinberge auf die Skyline.

gasse taucht sogleich die Markierung des Quellenweges auf – ein »wasserspeiendes GrünGürtel-Tier« – und weist uns nach rechts in Richtung Bergen. Kurz nach Erreichen der Ortsgrenze von Bergen lernen wir mit dem Judenborn die erste Quelle auf unserem Weg kennen. Danach überqueren wir die vielbefahrene Vilbeler Landstraße und halten uns auf dem gegenüberliegenden Bürgersteig links. Bei der Straße »Am Rebenborn« rechts abbiegen und einfach immer dem »wasserspeienden GrünGürtel-Tier« folgen. Der Weg führt nun stetig den Berger Hang hinunter durch Gartenanlagen und Wiesengrundstücke, bis wir zum **NSG Enkheimer Mühlbach (2)** gelangen. Weiter hangabwärts passieren wir die sehenswerte Enkheimer Wassermühle und biegen danach in die Eselsgasse ein, die uns schließlich mitten hinein in den alten Ortskern von **Enkheim (3)** mit vielen pittoresken Fachwerkhäusern und alten Gehöften leitet.

Dort folgen wir der Riedstraße nach links, passieren den Röhrborn mit seinem barocken Brunnentrog aus Buntsandstein und biegen dann nach links in die Straße »Am Bächelchen« ein. Ab jetzt führt unser Weg stetig aufwärts, denn nun gilt es, den Berger Hang zu bezwingen. Dank des »wasserspeienden GrünGürtel-Tieres« gibt es dabei nie Orientierungsprobleme und wir gelangen schließlich oben in der Altstadt von Bergen an. Bei der Marktstraße halten wir uns links, vorbei am Alten Rathaus und folgen dem Wegweiser »Stadthalle Bergen« nach rechts zum Schelmenburgplatz. Hier an der **Schelmenburg (4)**, dem ehemaligen Sitz der Adelsfamilie »Schelme von Bergen«, endet der Quellenweg. Wir gehen (ohne Markierung) auf dem Fußweg an der Kita vorbei, biegen dann links in die Straße »Am Weißen Turm« bis zur Kreuzung mit der Straße »Landgraben«. Hier biegen wir rechts ab und folgen der lang gestreckten Straße geradeaus aus

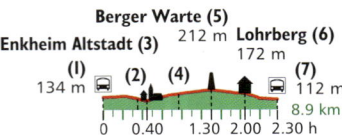

dem Ort hinaus. Wir überqueren die B 521 (Vorsicht, starker Autoverkehr!), nehmen dann den Flurweg geradeaus und halten uns an der Hochspannungsleitung links auf einem nach wie vor unmarkierten Feldweg. Nach Passieren eines Hundedressurplatzes und eines kleinen Jüdischen Friedhofes überqueren wir erneut die B 521. Auf der gegenüberliegenden Straßenseite (»Am Galgen«) gleich wieder links über die Wiesenflur erreichen wir die **Berger Warte (5)** in einem kleinen Wäldchen. Wir stehen hier auf dem höchsten topographischen Punkt des Frankfurter Stadtgebietes – immerhin 212 m über dem Meeresspiegel. Hinter der Warte nehmen wir den Wiesenweg nach rechts, dann beim Umspannwerk den nächsten Weg nach links, der in einer Rechtskurve an diesem vorbei über die Feldflur geleitet. Nach etwa 100 m den schmalen Feldweg nach links einschlagen, der zunächst durch Hecken hindurchführt und schließlich nach etwa 300 m über Felder auf den geteerten Klingenweg trifft. Hier erst links halten, dann sogleich bei der ersten Wegkreuzung dem Klingenweg hangabwärts folgen, vorbei am Klingelbach, und rechts in den wunderschönen Alleenweg »Auf der Lohr« einbiegen. Hier treffen wir wieder auf die Markierung des Quellenweges, die uns nun zuverlässig bis zum Ende unserer Wanderung begleitet. Doch erst gilt es, den **Lohrberg (6)** zu überschreiten, den Hausberg der Frankfurter. Hier oben wird sogar Wein angebaut und über die Rebhänge bieten sich herrliche Ausblicke über die Dächer von Seckbach auf »Mainhattan« und Umland. Man sollte das Flanieren durch den großzügig angelegten Lohrpark ausgiebig genießen und sich eine Pause in der Lohrberg-Schänke gönnen. Von hier führt uns das »wasserspeiende GrünGürtel-Tier« hinunter nach **Seckbach** und durch dessen teils verwinkelte Gassen vorbei an der evangelischen Marienkirche zur **Bushaltestelle »Atzelberg Ost« (7)** in der Atzelbergstraße.

3 Zur Schwanheimer Düne

2.45 Std.

Das Beste im Frankfurter Westen

Auf dieser Tour der Gegensätze zeigt Frankfurt zwei völlig unterschiedliche Gesichter: zum einen das eines Industriestandortes, zum anderen das eines sensiblen natürlichen Lebensraumes. Wer die Namen der Frankfurter Stadtteile Höchst und Griesheim hört, assoziiert damit oft auch Lärm und Gestank. Doch mitten in dieser Industrieregion lässt sich wandernd ein seltenes Naturphänomen, die Schwanheimer Düne, erkunden. Das 58,5 ha große Areal beherbergt viele seltene Tiere und Pflanzen und steht seit 1984 unter Naturschutz. Seit 2003 ist es auch als Flora-Fauna-Habitat-Gebiet nach Europäischem Recht geschützt.

Ausgangspunkt: Frankfurt-Höchst, Fähranleger, 88 m. Erreichbar mit Tramlinie 11 bis Haltestelle »Bolongaropalast« oder S1/S2 bis Bahnhof Höchst. Parkplätze am Mainufer (Navi: 65929 Frankfurt am Main, Batterie).
Höhenunterschied: Unbedeutend.
Anforderungen: Wanderung mit Spaziergangcharakter, meist auf Asphalt, in der Düne auf einem Bohlenpfad.
Markierung: GrünGürtel-Radweg, R8, R3, GrünGürtel-Wanderweg, ohne Markierung, blaues M (Mainwanderweg), ohne Markierung.
Einkehr: Höchst, Schwanheim, Nied.
Karte: GrünGürtel Freizeitkarte (1:25.000, Umweltamt der Stadt Frankfurt a.M.).
Information: Umweltamt der Stadt Frankfurt (Galvanistr. 28, 60486 Frankfurt a.M., Tel. +49/69/212/39100, www.frankfurt.de).
Hinweis: Fährzeiten siehe www.gruenguertel.de unter Ausflugsziele/Fähranleger Schwanheim. Mittwochs kein Fährbetrieb!

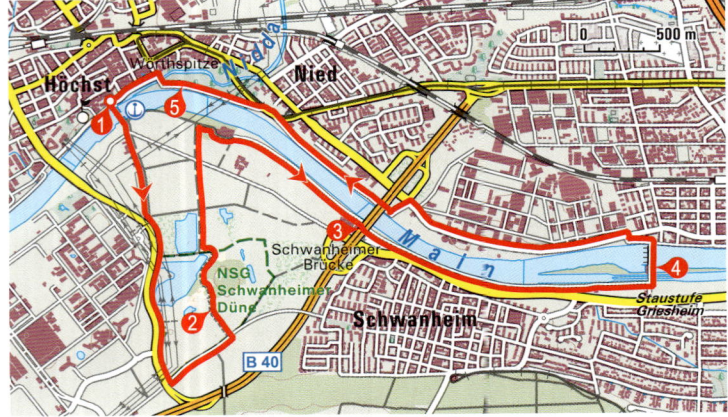

Fähranleger Schwanheim mit der Altstadt von Höchst.

Wir starten unsere Tour in **Frankfurt-Höchst (1)** am Ufer, der sogenannten Batterie, und setzen mit der **Personenfähre** »Walter Kolb« über den Main. Auf der Schwanheimer Seite halten wir uns zunächst ohne Markierung geradeaus und werfen kurz einen Blick nach rechts auf die Tillylinde, die einst zum Gedenken an die im Dreißigjährigen Krieg ausgetragene blutige Schlacht von Höchst gepflanzt wurde (der heutige Baum ist eine Nachpflanzung). Nach einigen Metern halten wir uns bei einem Wegkreuz rechts und biegen vor dem Bootshaus Speck gleich wieder links in den unbefestigten Wiesenweg ab. Ab hier folgen wir der Markierung des GrünGürtel-Radweges zunächst über die Wiesenflur, dann für etwa 1 km entlang der Leunastraße. Kurz vor der B 40 biegen wir mit dem Radweg nach links ab und stoßen bei der nächsten Weggabel auf die Markierung des GrünGürtel-Wanderweges, der wir ab jetzt folgen. Wir gelangen nun in das Naturschutzgebiet der **Schwanheimer Düne (2)** und durchqueren diese faszinierende Landschaft auf einem Bohlenweg mit Informationstafeln. Es handelt sich um eine der wenigen Binnendünen Europas. Auf den kargen Sandböden gedeihen Kiefern, die dem Gebiet ein besonderes Flair verleihen. Durch einen Drahtzaun können wir Blicke in die Schmitt'sche Grube werfen, einen künstlichen See, der durch den einstigen Sandabbau entstanden ist.

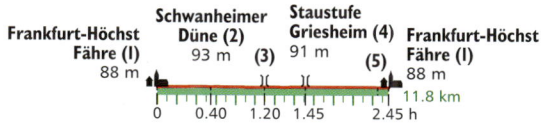

In der Schwanheimer Düne.

Nach Verlassen der Schwanheimer Düne halten wir uns kurz links und lassen uns von der GrünGürtel-Markierung über Wiesen und vorbei an einer Gartenkolonie zurück in Richtung Main führen. Kurz vor dem Ufer weist unser Zeichen nach links in Richtung Fähranlieger (so könnten wir die Tour abkürzen), wir halten uns jedoch auf einem Steinplattenweg ohne Markierung rechts und folgen diesem Weg immer am Main entlang für die nächsten 3,5 km. Nach Unterquerung der **Schwanheimer Brücke (3)** treffen wir nach einigen Metern auf das »blaue M« des Mainwanderweges, der sich von rechts aus Schwanheim zu uns gesellt. Mit diesem Zeichen erreichen wir nach ca. 1 km die **Staustufe Griesheim (4)**.
Hier nehmen wir die Treppe hoch zum Fußgängersteig (Vorsicht, bei Nässe oder Eis rutschig!) und überqueren auf ihm der Main mit einem schönen Blick auf die Frankfurter Skyline. Am Griesheimer Ufer angekommen halten wir uns links – ab jetzt ist unser Rückweg nach Höchst ohne Markierung, dafür gibt ein alter Holzwegweiser die Richtung vor (»Höchst 3,7 km«). Wir folgen der Stroofstraße parallel zum Main, vorbei am Industriepark Griesheim – ein Streckenabschnitt, der leider weder optisch noch vom Geruch her viel hergibt, also »Nase zu und durch«! Vor der Schwanheimer Brücke gehen wir links zum Mainuferweg. Jetzt ist die Wegführung am Fluss entlang wieder richtig schön, vorbei an versteckten Sandbuchten, und in Gehrichtung haben wir den Turm des Höchster Schlosses schon vor Augen. Das letzte Stück unseres Weges führt uns schließlich über die **Wörthspitze (5)**, die Halbinsel zwischen Main und Nidda, vorbei am Bolongaropalast und zurück zum **Fähranleger** in **Höchst (1)**.

4 Auf dem Schäfersteinpfad durch den Stadtwald

3.15 Std.

Alte Grenzsteine und komische Kunstwerke

Der Schäfersteinpfad markiert die historische Grenze zwischen der Stadt Frankfurt und dem Weideland des Deutschen Ordens. Beide stritten im späten Mittelalter um das Waldstück Holzecke, das schließlich zu Frankfurt kam. Im Gegenzug musste die Stadt dem Orden Weideland für seine Schafe im Wald überlassen. Auf zwei Teilstrecken des Weges können heute noch ca. 50 der alten Grenzsteine bewundert werden. Jeder von ihnen zeigt auf der Seite des Weidelandes das Kreuz des Ritterordens und auf Frankfurter Seite ein gotisches, allerdings spiegelverkehrtes F. Dieser Buchstabe wird auch für die Markierung des Schäfersteinpfades verwendet. Unsere Tour folgt jedoch nur teilweise dessen Verlauf und bezieht dafür Geländepunkte mit ein, wo Begegnungen der komischen Art auf den Wanderer warten.

Ausgangspunkt: Frankfurt-Niederrad, Oberforsthaus, 103 m. Erreichbar mit Tramlinie 21 bis Haltestelle »Oberforsthaus«. Parkmöglichkeit beim Wäldchestaggelände (Navi: 60528 Frankfurt am Main, Am Oberforsthaus).
Höhenunterschied: 30 m.
Anforderungen: Geschotterte und asphaltierte Waldwege, kaum Steigungen, kinderwagen- und rollstuhlgeeignet.
Markierung: Seitenverkehrtes f (Schäfersteinpfad), rotes Quadrat, seitenverkehrtes f (Schäfersteinpfad), GrünGürtel-Wanderweg, ohne Markierung.
Einkehr: Restaurant und Biergarten Oberschweinstiege am Jacobiweiher.
Karte: GrünGürtel Freizeitkarte (1:25.000, Umweltamt der Stadt Frankfurt a.M.).
Information: Umweltamt der Stadt Frankfurt a.M. (Galvanistr. 28, 60486 Frankfurt a.M., Tel. +49/69/212/39100, www.frankfurt.de).

Von der Tram-Haltestelle kommend halten wir uns beim alten Pferdestall, dem einzigen Gebäude, das noch vom alten **Oberforsthaus (1)** übrig geblieben ist, rechts (südlich) und steuern auf den hölzernen Lageplan zu, wo wir den Einstieg in den Schäfersteinpfad finden. Mit dem »seitenverkehrten f« umgehen wir das Gelände des Wäldchestages (des Frankfurter »Nationalfeiertags« am Dienstag nach Pfingsten), passieren eine Tennisanlage und das Anwesen des Frankfurter Boxer-Clubs (Boxer-Hunde, nicht Faustkämpfer) und halten auf die

»GrünGürtel-Tiere« bewachen den Tiroler Weiher.

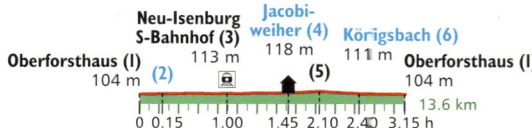

breite Mörfelder Landstraße zu. Dieser folgen wir ein kurzes Stück, unterqueren die S-Bahngleise und biegen danach sofort wieder links in den Wald hinein, wo uns unsere Markierung erst kurz nach links und dann gleich wieder nach rechts weist. Nach etwa 200 m gelangen wir zum **Tiroler Weiher (2)**, wo gleich drei Exemplare des »GrünGürtel-Tieres« auf uns warten. Eines thront golden auf der sogenannten Jupitersäule, zwei weitere säumen als Steinfiguren in Tiroler Tracht den Treppenaufgang am gegenüberliegenden Ufer des Teiches. Am nächsten Wegkreuz gehen wir geradeaus in die Tiroler Schneise, biegen nach wenigen Metern jedoch gleich wieder halblinks ab und folgen nun dem »seitenverkehrten f« durch den Wald, bis wir auf die A 3 stoßen. Diese unterqueren wir bei den S-Bahngleisen und passieren das Gelände einer Sickeranlage. Danach ist es nicht mehr weit bis zum **S-Bahnhof** von **Neu-Isenburg (3)**.

Hier nehmen wir die Fußgänger-Unterführung in Richtung Innenstadt, biegen aber gleich wieder halblinks in den Fußweg durch die Grünanlage ein. Wir vertrauen uns der Markierung »rotes Quadrat« an, die uns an der Bebauungsgrenze des Ortes entlangführt. Am Waldrand taucht das »seitenverkehrte f« wieder auf und weist uns nach rechts immer am Ortsrand entlang. Beim Waldspielplatz Tannenwald biegen wir links in den Wald hinein, überqueren die A 3 auf einem Fußgängersteg und lassen uns von unserem Zeichen bis

Der Jacobiweiher liegt romantisch mitten im Stadtwald.

zur Tram-Haltestelle »Oberschweinstiege« führen. Hier verlassen wir den Schäfersteinpfad und folgen der Markierung des GrünGürtel-Wanderweges zum **Jacobiweiher (4)**, wo eine nette Einkehrmöglichkeit, der »Pinkelbaum« und die »Eule im Norwegerpulli« (Kunstwerke von F. K. Waechter) auf uns warten. Nach Überquerung der Darmstädter Landstraße statten wir noch dem **»Monsterspecht«** (5) einen Besuch ab, bevor wir uns auf den Rückweg machen.

Dazu verlassen wir den GrünGürtel-Wanderweg und biegen ohne Markierung nach links in den Hainer Weg ein (die Wege im Stadtwald sind namentlich ausgewiesen). Nach etwa 200 m biegen wir links in die Stoltzeschneise ein und folgen ihr über die Darmstädter Landstraße hinweg immer geradeaus durch den Wald, bis nach etwa 1 km die liebliche Talaue des **Königsbaches (6)** erreicht ist. Hier queren wir erst den Königsbrunnenweg und gleich darauf den Königswiesenweg, erst beim dritten querenden Weg, dem Welscher Weg, biegen wir rechts ab und folgen ihm durch den Wald. Wir überqueren kurz hintereinander drei S-Bahnlinien, queren den Buschscheerfeldweg und biegen schließlich nach links in den Oberforsthausweg ein. Nach etwa 500 m erreichen wir die Isenburger Schneise, überqueren sie an der Fußgängerrampel und gehen dann links zurück zum **Oberforsthaus (1)**.

TOP 5 — Die Nidda flussaufwärts von Höchst bis nach Bad Vilbel

5.15 Std.

Ein Fluss mit vielen Gesichtern

Bevor die Nidda bei Höchst in den Main mündet, hat sie noch etwa 18 km auf Frankfurter Stadtgebiet zurückzulegen. Auf ihrem Weg von der Quelle im Vogelsberg (siehe Tour 46) durch die Wetterau bis hierher hat sie jedoch viel von ihrem ursprünglichen Charakter eingebüßt und zeigt sich weitgehend als ein durch Regulierungen gebändigter Fluss. Dennoch ist es äußerst reizvoll, den wandelnden Charakter längs ihres Verlaufes zu erkunden – einmal zeigt sie sich als träge dahinfließender Kanal, ein anderes Mal als Fluss mit beschaulichen Windungen. Vielfältig sind auch die Landschaftsformen, die uns bei dieser Wanderung von der Nidda-Mündung bis nach Bad Vilbel begegnen: Relikte der einstigen Auenlandschaft, Altarme und Sumpfgebiete, ebenso wie Parks, Kleingärten und Sportanlagen und dazu immer wieder Einblicke in die städtebauliche Entwicklung Frankfurts.

Ausgangspunkt: Frankfurt-Höchst, Schlossplatz, 91 m. Erreichbar mit Tramlinie 11 bis Haltestelle »Bolongaropalast« oder S1/S2 bis Bahnhof Höchst. Parkplätze am Mainufer (Navi: 65929 Frankfurt am Main, Batterie).
Endpunkt: Bad Vilbel, Bahnhof, 107 m. Rückfahrt nach Frankfurt Hbf mit der Bahn (RE) oder S6.
Höhenunterschied: 30 m im Aufstieg, 20 m im Abstieg.
Anforderungen: Ideal für Familien mit Kindern, kann auch in kleinere Etappen aufgeteilt werden, da diverse Haltestellen des ÖPNV am Weg liegen, kinderwagen- und rollstuhlgeeignet. Im Hochsommer Kopfbedeckung mitnehmen, da wenig Schatten.
Markierung: GrünGürtel-Wanderweg, teilweise auch GrünGürtel-Radweg, letzte Etappe von Harheim nach Bad Vilbel ohne Markierung.
Einkehr: Viele Möglichkeiten am Weg, besonders empfehlenswert – Restaurant Nidda (Ludwig-Landmann-Str. 326, Frankfurt-Hausen), Tower Café (Alter Flugplatz, Frankfurt-Bonames – Neueröffnung ca. Sommer 2021).
Karte: GrünGürtel Freizeitkarte (1:25.000, Umweltamt der Stadt Frankfurt a.M.).
Information: Umweltamt der Stadt Frankfurt a.M. (Galvanistr. 28, 60486 Frankfurt a.M., Tel. +49/69/212/39100, www.frankfurt.de).

Wir starten auf dem malerischen **Schlossplatz** in **Frankfurt-Höchst (1)**, durchschreiten das Maintor, halten uns am Mainufer links (flussaufwärts) vorbei an der Fähranlegestelle und passieren den Bolongaropalast mit seinem Park von 1783 (ein kurzer Abstecher in den Park lohnt sich). Dann nehmen wir an der Niddamündung den Seufzerbrücke genannten Steg über die Nidda auf die Wörthspitze. Auf dieser von Main und Nidda gebildeten Halbinsel stoßen wir auf den GrünGürtel-Wanderweg, dem wir uns ab jetzt anvertrauen. Zunächst gehen wir ein Stück am Main entlang, dann quer über die parkartig angelegte Wörthspitze auf die Nidda zu und folgen dieser am südlichen Ufer. Nach Unterqueren der Nieder Brücke von 1824 erreichen wir

Die Niddamündung bei Höchst.

Nied, wo sich ein Abstecher zum Alten Rathaus lohnt, und unterqueren kurz danach die Steinbogenbrücke, eine der ältesten deutschen Eisenbahnbrücken, aus dem Jahr 1839. Nach dieser beginnen die Niederauen der Nidda, eine weitgehend unbebaute Feuchtwiesenlandschaft. Beim **Wehr Höchst (2)** treffen wir auf künstlich angelegte Stromschnellen, die ihre Entstehung Renaturalisierungsmaßnahmen der 1980er-Jahre verdanken. Kurz danach biegt der GrünGürtel-Wanderweg nach links ab, wir aber bleiben fürs Erste am südlichen Nidda-Ufer (jetzt mit der Markierung des GrünGürtel-Radweges), um fünf Altarme der Nidda näher betrachten können, darunter den Altarm Kellersack mit seinem Röhrichtgürtel und den Grill'schen Altarm im Niedwald. Mit etwas Glück sehen wir auf diesem Wegabschnitt einen Eisvogel, wahrscheinlich aber Kormorane und Reiher. Der Verkehrslärm des nahen Autobahnkreuzes Westkreuz Frankfurt macht uns jedoch schnell wieder klar, dass wir hier in einem Ballungsraum unterwegs sind. Nach Unterqueren des Westkreuzes wandern wir weiterhin geradeaus längs der Nidda (ohne Markierung, denn der Radweg biegt hier halbrechts ab). Hinter der S-Bahn-brücke stoßen wir wieder auf den GrünGürtel-Wanderweg, der uns in den Solmspark führt und unmittelbar danach in den **Brentanopark (3)**, beide im Stil englischer Landschaftsgärten gestaltet. Es lohnt sich, hier einige Zeit zu

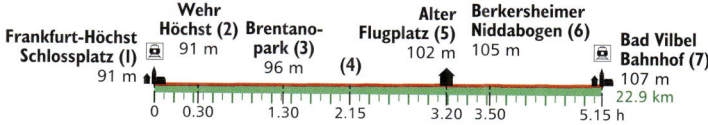

Die malerische Wasserburg ist das Highlight in der Altstadt von Bad Vilbel.

flanieren und auch dem Petrihaus (am nördlichen Ufer), einem Ort der Literaturgeschichte, einen Besuch abzustatten. Nach dem Park führt uns die GrünGürtel-Markierung auf das nördliche Nidda-Ufer und wir folgen dem Flussverlauf zwischen Rödelheim und Hausen. In der Hausener Obergasse wechseln wir rechts auf einem Steg wieder auf die andere Niddaseite. Nach Unterschreiten der A 66 passieren wir die Willi-Brundert-Siedlung und gelangen an die Praunheimer Brücke, wo wir uns erst rechts halten, dann aber gleich bei der Trinkhalle wieder links abbiegen und auf die Nidda zusteuern.

Bald darauf passieren wir das **Praunheimer Wehr (4)**, bleiben aber am südlichen Ufer. Wir laufen nun ein gutes Stück am Volkspark Niddatal vorbei, dem größten der Frankfurter Parks, und sehen im Hintergrund den »Ginnheimer Spargel« (Europaturm), den Messeturm und weitere Hochhäuser. Im weiteren Verlauf unterqueren wir die Rosa-Luxemburg-Straße und bleiben weiter am südlichen Ufer der Nidda, bis uns bei einer Sportanlage der GrünGürtel-Wanderweg nach links aufs andere Ufer weist. Wir befinden uns nun in Heddernheim, wo sich für stadtarchitektonisch Interessierte

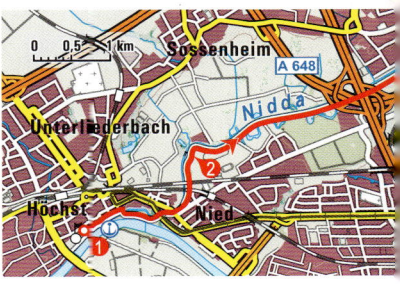

ein Umweg in die Siedlung Römerstadt und weitere vom damaligen Frankfurter Stadtbaurat Ernst May in den 1920er-Jahren konzipierte Siedlungen anbietet. Der Name Römerstadt nimmt übrigens Bezug auf das römische Nida, dessen Reste hier ausgegraben wurden. Beim Wehr Eschersheim wechseln wir erneut die Fluss-Seite und gelangen in die Nördlichen Niddaauen. Mit der A 661 unterqueren wir erneut eine Autobahn und erreichen kurz danach die Robert-Gernhardt-Brücke, wo uns eine Figur des »GrünGürtel-Tieres« zum Besuch des **Alten Flugplatzes (5)** einlädt. Dieser kleine Ab-

stecher lohnt nicht nur wegen der netten Einkehrmöglichkeit im Tower Café, denn von hier ist es auch nicht weit nach Bonames mit seinen vielen sehenswerten Fachwerkgebäuden. Ansonsten wandern wir weiter mit der GrünGürtel-Markierung am südlichen Ufer der Nidda durch den **Berkersheimer Niddabogen (6)** und vorbei am Reiterhof Schlockerwiesen bis zur Brücke bei Harheim, wo der Eschbach in die Nidda mündet. Hier biegt der GrünGürtel-Wanderweg nach rechts in Richtung Berkersheim ab, wir wechseln jedoch (ohne Markierung) auf die nördliche Niddaseite und halten uns dann rechts immer am Fluss. Bald laufen wir unter der breiten Brücke der B 3 hindurch und halten uns stets geradeaus, bis nach etwa 1 km unser Weg eine Biegung um ein kleines, sumpfiges Auenwäldchen macht, wo der Erlenbach in die Nidda mündet. Am Ortsbeginn von Bad Vilbel passieren wir ein Tennis-Club-Gelände, mehrere Sportplätze und ein Freibad, dann gelangen wir zur großen Niddabrücke aus rotem Sandstein. (Wer mag, folge hier den Hinweisschildern in die Kuranlage und zur Wasserburg.) Wir nehmen die Treppe hoch zur Kasseler Straße und folgen dieser ortseinwärts. Bei der Kreuzung mit der Homburger Straße halten wir uns geradeaus auf einem Fußweg, der parallel zu den Bahngleisen verläuft, und erreichen kurz darauf den **Bahnhof Bad Vilbel (7)**.

6 Von Dreieichenhain zum Kettenzug auf der Bulau

5.15 Std.

Auf den Spuren der Geschichte im Offenbacher Land

Obwohl auf dieser Tour durch eine besonders geschichtsträchtige Region des Offenbacher Landes Wegemarkierungen eher Mangelware sind, wird uns die Orientierung nicht schwerfallen. Und es gibt viel zu entdecken: Fachwerkromantik in der Altstadt von Dreieichenhain, eine mittelalterliche Burganlage, ein Schloss aus dem 17. Jh., ein Stück antike Römerstraße und rekonstruierte Hügelgräber samt einer Figurengruppe eines keltischen Trauerzuges, dazu zwei schöne Aussichtspunkte. Was will man mehr?

Ausgangspunkt: Dreieichenhain (Stadtteil von Dreieich), Parkplatz am Untertor, 155 m. Erreichbar ab Frankfurt Hbf mit S3/S4 und RB über Dreieich-Buchschlag bis Bahnhof Dreieichenhain. Anfahrt mit PKW über A 661, Ausfahrt Dreieich (Navi: 63303 Dreieich, Fahrgasse 65).
Höhenunterschied: 100 m.
Anforderungen: Lange Wanderung mit wenigen moderaten Anstiegen, meist auf Asphaltwegen. Längere Passagen über offenes Gelände, daher wenig Schatten (im Hochsommer Kopfbedeckung mitnehmen). Gute Kondition und Orientierungssinn erforderlich.
Markierung: X-Markierung (E1), ohne Markierung bis Dietzenbach-Hexenberg, Radweg R9, ohne Markierung bis Offenthal, auf Radweg bis Merzenmühle, X-Markierung (E1) zurück nach Dreieichenhain.
Einkehr: Dreieichenhain, Wingertsberg (»Zur schönen Aussicht«), Merzenmühle (Landgasthof, Mo Ruhetag).
Karte: RTK Rad- und Wanderkarte 607 Frankfurt Süd 1:40.000.
Information: Kreis Offenbach (Werner-Hilpert-Str. 1, 63128 Dietzenbach, Tel. +49/6074/81800, www.kreis-offenbach.de).

Beim Parkplatz am **Untertor** in **Dreieichenhain (1)** halten wir uns mit der X-Markierung (für den Fernwanderweg E1) ortsauswärts in Richtung Dietzenbach/Götzenhain (Straßenwegweiser beachten). Vom Neurothweg zweigen wir rechts ab (Fischäcker) zum Christinenhof und wandern dann auf dem Asphaltsträßchen hinaus auf die Feldflur zur **Stangenpyramide (2)** mit Sicht auf die Frankfurter Skyline. Wir folgen weiter der X-Markierung, passieren linker Hand den Golfplatz von

Wasserspiegelung im mittelalterlichen Dreieichenhain.

Gut Neuhof und überqueren die L 3317. Unser Zeichen führt uns in den Wald, wo wir uns beim zweiten Wegkreuz vom »X« verabschieden und stattdessen ohne Markierung nach rechts abbiegen. Nach etwa 800 m erreichen wir den Waldrand und erblicken zwischen den Bäumen die Reitanlage Kirchborn. Hier geht unser Weg in Asphalt über und führt uns über die Feldflur bis kurz vor den **Aussiedlerhof Kirchborn (3)**, wo uns ein Wegweiser der Regionalpark-Rundroute nach links in Richtung Dietzenbach/Wingertsberg (2,7 km) weist. Wir folgen diesem Weg über die Feldflur und durch ein kleines Wäldchen, nach dessen Durchquerung bereits Dietzenbach vor uns auftaucht. Beim Ortsbeginn mündet unser Weg in

Der Aussichtsturm auf dem Wingertsberg hat eine originelle Architektur.

die »Feldstraße«, der wir nach rechts in Richtung Ortsmitte folgen. Nach etwa 200 m führt uns ein Wegweiser nach rechts zu unserem nächsten Etappenziel, dem Aussichtsturm auf dem **Wingertsberg (4)** – schöner Blick zu Odenwald, Spessart und Taunus, zudem Einkehrmöglichkeit im Restaurant »Zur schönen Aussicht«.

Weiter geht es auf der Jungfernwingertstraße abwärts, dann folgen wir rechts der Darmstädter Straße ortsauswärts in Richtung Hexenberg. Am Ortsende überqueren wir geradeaus die große Straßenkreuzung (bei der Fußgängerampel am besten gleich auf die linke Straßenseite wechseln). Nach wenigen Metern folgen wir dem Wegweiser »Wohngebiet Hexenberg« nach links und laufen auf der Berliner Straße in die Siedlung. Wir biegen links in die Bensheimer Straße ab und nehmen an deren Ende den Grasweg nach rechts, der zwischen Pferdekoppeln und den Grundstücken verläuft. Er geht in einen Asphaltweg über und nach etwa 200 m schlagen wir den ersten Weg nach links ein. Nun passieren wir über die Weidenflur einen Reiterhof und biegen gleich danach rechts in den geteerten Flurweg ein, der als »Radweg 9« ausgeschildert ist. Diesem folgen wir leicht aufwärts über Felder und an einem Wald vorbei, bis wir nach etwa 1,3 km zum **Keltenzug auf der Bulau (5)** gelangen. Hier warten gleich mehrere archäologische Attraktionen auf uns, unter anderem ein Stück rekonstruierte Römerstraße und Hügelgräber mit der Nachbildung eines keltischen Trauerzuges. Hinter der Figurengruppe halten wir uns rechts und folgen dem Regionalpark-Wegweiser

Der Keltenzug auf der Bulau.

in Richtung Landschaftspark Egelsbach/Alter Steinbruch Urberach auf dem naturbelassenen Waldweg. Nach etwa 700 m passieren wir linker Hand das Naturfreundehaus Bulau und gelangen kurz danach zu einem Wegkreuz, wo wir uns rechts halten (die Regionalparkroute biegt hier links ab). Wir folgen diesem Pfad etwa 600 m durch den Wald, halten uns beim nächsten Wegkreuz links und gelangen nach etwa 500 m auf eine Lichtung, dann an den Waldrand, wo über die Feldflur bereits Offenthal zu sehen ist. Hier nehmen wir den Weg nach rechts, immer am Waldrand entlang, und steuern auf den Reitstall Eichenhof zu. Dort gehen wir geradeaus zwischen den Pferdekoppeln hindurch, vorbei an einer Kleingartenanlage. Nach Überqueren der L 3001 geht es vorbei an Sportanlagen und am Vereinsheim des Reitervereins Offenthal immer halbwegs geradeaus (westlich) hinein nach **Offenthal**. Dort orientieren wir uns am besten am Wegweiser des Radweges in Richtung Langen/Götzenhain. Wir überqueren die S-Bahnlinie auf einer Brücke, halten uns gleich rechts und folgen dem Radweg parallel zu den Gleisen hinaus aus dem Ort. Beim Wegkreuz vor dem Sportgelände biegen wir mit dem Wegweiser des Radweges (nach wie vor in Richtung Langen/Dreieichenhain) nach links über die Wiesenflur ab und erreichen nach etwa 250 m die L 3317. Hier halten wir uns links bis zum **Schloss Philippseich (6)**, das wir nur von außen betrachten (das Schlossgelände ist in Privatbesitz).

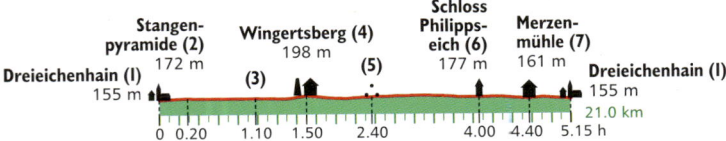

Wir überqueren beim kleinen Parkplatz die Straße und nehmen den unmarkierten, etwas unscheinbaren Weg hinein in den Wald. Hier stoßen wir auf die rot-weißen Richtungspfeile der Regionalparkroute und kommen an einer Informations-Stele vorbei, die uns darauf aufmerksam macht, dass wir uns auf der ehemaligen Barockstraße befinden. Beim nächsten Wegkreuz weist uns die Regionalpark-Markierung nach rechts aus dem Wald hinaus und wir passieren an einer Baumgruppe zwei alte Sühnekreuze. Beim querenden Asphaltweg stoßen wir wieder auf unseren Radweg. Hier halten wir uns links in Richtung Mönchsbruch/Schloss Wolfsgarten. Nun geht es immer geradeaus (westlich), erst durch eine kleine Gartenkolonie (mit »Wirtshaus im Haag«), dann noch etwa 600 m durch den Wald, bis die K 172 zwischen Langen und Dreieichenhain bei der Bushaltestelle »Waldhaus Hotz« erreicht ist. Hier biegen wir links ab und folgen kurz der Straße, bis rechts das Hinweisschild auf den Landgasthof Merzenmühle auftaucht. Dort überqueren wir die Straße und stoßen beim Parkplatz wieder auf die X-Markierung vom Beginn unserer Tour. Dieser folgen wir zunächst zur sehenswerten **Merzenmühle (7)**, dann in den Wald hinein parallel zur K 172 nach Dreieichenhain. Kurz vor der Bahnschranke überschreiten wir übrigens den 50. Breitengrad (das dazugehörige Denkmal lässt sich leicht übersehen). Die X-Markierung führt uns weiter zurück zum **Untertor** in **Dreieichenhain (1)**. Jetzt sollten wir uns noch Zeit nehmen für einen Bummel durch die pittoreske Altstadt und für eine Besichtigung von Burg Hayn.

7. Von Hanau-Steinheim zu den Dietesheimer Steinbrüchen

3.30 Std.

Eine faszinierende Seenlandschaft vor den Toren der Großstadt

Bevor es auf dieser Tour in die Natur geht, erkunden wir zunächst mit Steinheim und Kesselstadt die beiden schönsten Stadtteile von Hanau. Das 1974 eingemeindete Steinheim gilt mit seiner von Fachwerkhäusern geprägten Altstadt und seinem Schloss von 1222 als Perle am Main; im bereits 1907 von Hanau vereinnahmten Kesselstadt wartet das 1712 im barocken Stil vollendete Schloss Philippsruhe samt weitläufiger Parkanlage auf unseren Besuch. Den Höhepunkt dieser Wanderung bilden jedoch die Dietesheimer Steinbrüche mit ihrer unvergleichlichen Seenlandschaft.

Ausgangspunkt: Hanau-Steinheim, Altstadt-Parkplatz, 104 m. Anfahrt mit PKW über A 66 und B 43a (Navi: 63456 Hanau, B 43a). Bei Anfahrt mit S9 bis S-Bahnhof Hanau-Steinheim an der Steinheimer Brücke starten.
Höhenunterschied: 30 m.
Anforderungen: Meist auf Asphaltwegen, Wanderpfade nur im Bereich der Dietesheimer Steinbrüche.
Markierung: Blaues M (Mainwanderweg), ohne Markierung, blauer Punkt über grünem Strich (Hugenottenweg), ohne Markierung, blaues M (Mainwanderweg).
Einkehr: Steinheim (Tipp – Druckhaus in der Illerstraße am Mainufer), Dietesheimer Steinbrüche (»Zum Grünen See Eck«), Schloss Philippsruhe (»Café del Maa«, Schlossterrasse und Museumscafé, Mo Ruhetag).
Karte: RTK Rad- u. Wanderkarte 508 Wetterau Süd (Frankfurt – Hanau) 1:40.000.
Information: Tourist-Information Stadt Hanau (Am Markt 14–18, 63450 Hanau, Tel. +49/6181/295739, www.hanau.de).

Die Seenlandschaft der Dietesheimer Steinbrüche.

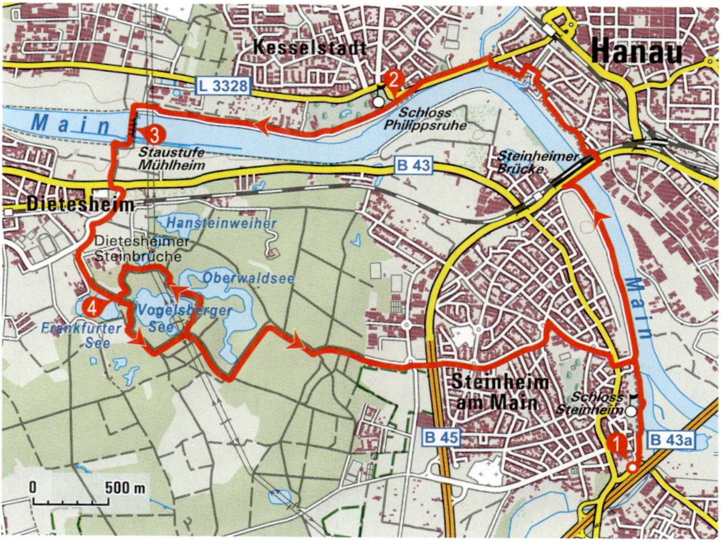

Wir starten am **Altstadt-Parkplatz** von **Hanau-Steinheim (1)** und halten uns durch das Tor in Richtung Innenstadt – immer entlang der alten Stadtmauer. Vor dem Maintor nehmen wir die Treppe abwärts und gehen nach rechts auf den Main zu. Hier stoßen wir auf den mit einem »blauen M« markierten Mainwanderweg (zugleich auch Radweg), dem wir nach links entlang des Mains folgen. Nach etwa 250 m biegt »M« nach links in die Altstadt ab (wir werden auf diesem Weg zurückkehren), wir aber folgen weiter dem Radweg geradeaus am Main. Wir lassen Steinheim hinter uns und gehen über die Talaue auf die **Steinheimer Brücke** zu. Auf ihr überqueren wir den Main und folgen am anderen Ufer dem Wegweiser zum Schloss Philippsruhe (2,6 km) nach links immer entlang des Mains. In Kesselstadt überqueren wir auf einer Brücke die Kinzig, die hier in den Main mündet, und gehen die Philippsruher Allee mit ihren schönen Villen und Gärten entlang. Ca. 70 m vor der Friedenskirche nehmen wir den Fußweg nach links in die Mainauen – ab hier markiert mit »blauem Punkt über grünem Strich« für den Hugenottenweg. Bei **Schloss Philipps-**

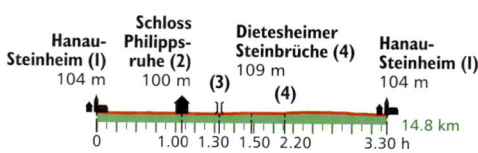

Die Altstadt von Steinheim ist sehenswert.

ruhe (2) sollten wir die weitläufige Anlage mit ihrem herrlichen Park besichtigen und evtl. eine Rast auf der Schlossterrasse (»Café del Maa«) einlegen.
Danach verlassen wir Kesselstadt und bleiben stets am Main. Kurz nachdem wir eine Hochspannungsleitung gequert haben, weist uns der Hugenottenweg bei der **Staustufe Mühlheim (3)** nach links. Wir nehmen den schmalen Fußgängersteg über den Fluss (Vorsicht auf den Treppen, Rutschgefahr!) und genießen den Ausblick. Auf der anderen Flussseite halten wir uns zunächst rechts und biegen bei erster Gelegenheit gleich wieder nach links ab – jetzt ohne Markierung, da der Hugenottenweg hier geradeaus weiterführt. Wir halten geradewegs auf Dietesheim, einen Ortsteil von Mühlheim, zu, queren bei der großen Straßenkreuzung die B 43 und nehmen den Radweg Richtung Offenbach und Obertshausen, der parallel zur Autostraße verläuft. Ein großer Wegweiser führt uns nach links zum Parkplatz des Erholungsgebietes. Jetzt noch vorbei am Vereinsheim Concordia und über den Parkplatz und wir sind in den **Dietesheimer Steinbrüchen (4)**. Bis 1982 wurde hier Basalt abgebaut, danach sammelte sich Grundwasser in den offen gelassenen Steinbrüchen und schuf in wenigen Jahren eine beeindruckende Seenlandschaft, die heute unter Naturschutz steht. Es empfiehlt sich, vom Parkplatz geradeaus auf den **Vogelsberger See** zuzugehen und diesen auf dem Rundweg »R1« zu umrunden. Besonders eindrucksvoll ist die Passage des sogenannten Canyons zwischen Vogelsberger See und Oberwaldsee. Vom Ostufer des Vogelsberger Sees geleitet uns das »blaue M« (Mainwanderweg) zuverlässig durch den Wald hinaus aus dem Steinbruch-Areal und über die Feldflur bis an den Ortsrand von Steinheim. Über Senefelder Straße und Gailingsweg geht es geradeaus in den Ort hinein und dort (weiterhin »blaues M«) zurück an den Main.
Ab hier wandern wir wie beim Hinweg zurück zum **Altstadt-Parkplatz** von **Hanau-Steinheim (1)**. Nun können wir noch durch die Altstadt bummeln und das Schloss besichtigen.

Hessisch-Fränkische Grenztour bei Seligenstadt 8

3.30 Std.

Fast eine Pilgertour

Das 1.200-jährige Seligenstadt am Main bietet mit seiner Einhardbasilika und dem nahe gelegenen Klostergarten dem hektischen Wanderer Orte der Besinnung und inneren Einkehr. Wir empfehlen einen Gang über das Klostergelände vor Antritt der Wanderung, damit wir uns spirituell eingestimmt auf den Weg machen können. Es warten nämlich noch zwei weitere Begegnungen der frommen Art auf uns und außerdem ist ja bekanntlich der Weg (zu sich selbst) das wahre Ziel jeder Wanderung.

Ausgangspunkt: Seligenstadt, Mainfähre, 104 m. Erreichbar ab Frankfurt Hbf mit Bahn über Hanau Hbf bis Bahnhof Seligenstadt. Anfahrt mit PKW über A 3, Ausfahrt Seligenstadt, dann Richtung Ortsmitte zum Main (Navi: 63500 Seligenstadt, Mainuferweg).
Höhenunterschied: Unbedeutend.
Anforderungen: Meist auf Asphalt oder Schotter, überwiegend über freies Gelände (im Hochsommer Kopfbedeckung mitnehmen).
Markierung: Weißes E auf schwarzem Grund (Einhardsweg), ohne Markierung, blaues M (Mainwanderweg).
Einkehr: Seligenstadt (Tipp – Eiscafé Maintor, Große Maingasse 22), Klein-Welzheim (»Zur Traube«), Dettingen (Wirtshaus Stehkragen, Mo Ruhetag).
Karte: Topographische Freizeitkarte, Blatt 8, Alzenau (1:25.000, Main-Echo).
Information: Tourist-Info Seligenstadt (Einhardhaus, Aschaffenburger Str. 1, 63500 Seligenstadt, Tel. +49/6182/878010, www.seligenstadt.de).
Hinweis: Fährzeiten siehe www.unser-seligenstadt.de/seligenstadt/buergerservice/faehre.

Basilika und Klostergarten in Seligenstadt.

Die Wasserburg von Klein-Welzheim.

Wir starten in **Seligenstadt (1)** an der **Mainfähre** und halten uns flussaufwärts am Main auf dem kombinierten Fuß- und Radweg. Das »weiße E auf schwarzem Grund« markiert den Einhardsweg, der Seligenstadt mit Michelstadt im Odenwald verbindet (beides Gründungen von Einhard, dem Berater und Biographen Karls des Großen). Bei der markanten Holzfigur »Schiffsbrücke« folgen wir dem Hinweisschild nach rechts für einen Abstecher zur **Wasserburg (2)** von **Klein-Welzheim**, die wir umrunden.

Zurück auf dem Einhardsweg wandern wir weiter am Main entlang – die Höhen des Spessarts vor uns im Blick – vorbei an Kleinwelzheim und über die Wiesenflur bis zum Ortsbeginn von Mainflingen. Hier verlassen wir den Einhardsweg und überqueren links auf der **Kilianusbrücke (3)** den Main. Ihr Namensgeber, der irische Mönch St. Kilian brachte im frühen Mittelalter den christlichen Glauben nach Franken, wo er heute noch als »Nationalheiliger« verehrt wird. Wir werden seinem Bildnis auf der Brücke begegnen und zudem am anderen Ufer fränkischen (bayerischen) Boden betreten, denn der Main bildet hier die Grenze zwischen Hessen und Bayern. Gleich nach der Brücke erreichen wir den Ortsrand von **Dettingen**, einem Ortsteil der Großgemeinde Karlstein am Main.

Hier folgen wir (ohne Markierung) erst dem breiten Radweg nach links und biegen dann gleich rechts in einen Fußweg ab. Dieser mündet in die Straße »In den Baumstücken«, der wir links bis zur Einmündung in die »Alte Straße« folgen. Dort links bis zur Kreuzung, wo wir die Hanauer Landstraße überqueren und der Frankenstraße ortsauswärts folgen. Nach der Bahnunterführung nehmen wir die erste Straße links – jetzt aufpassen! Wir müssen uns nach

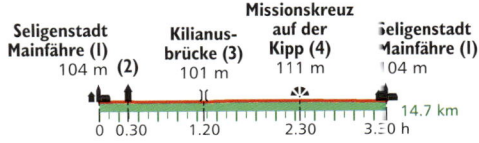

links orientieren und durch eine Fußgängerunterführung auf die gegenüberliegende Seite der Bahngleise wechseln. Dort ist die Orientierung wieder glasklar: immer dem »blauen M« (Mainwanderweg) an den Bahngleisen entlang nach Nordwesten folgen, vorbei am Bahnhof Dettingen und aus dem Ort hinaus über die Feldflur. Nach etwa 2 km verabschiedet sich unser Weg von der Bahnstrecke und führt uns in einer Linkskurve am Großwelzheimer Badesee vorbei, der jedoch vom vorgelagerten Kiesabbau verdeckt wird. Hinter Großwelzheim nehmen wir die steile Holztreppe, die uns auf die **Kipp** führt, eine bewaldete Anhöhe mit herrlicher Aussicht auf Großwelzheim und die Silhouette des Spessarts im Hintergrund. Hier steht zudem als Andenken an einen in Großwelzheim geborenen katholischen Priester, der als Missionar in Neuguinea wirkte, das sogenannte **Missionskreuz (4)**.

Nach Durchquerung der Welzheimer Siedlung südlich von Kahl am Main erreichen wir wieder den Main, wo unser Weg (weiterhin »blaues M«) nach links abbiegt und uns flussaufwärts zur **Fähranlegestelle** führt. Jetzt müssen wir nur noch auf die nächste Fähre zurück nach **Seligenstadt (1)** warten.

Fährbetrieb zwischen Hessen und Bayern.

TOP 9 — Von Hanau-Neuwirtshaus auf den Buchberg

5.45 Std.

Waldwanderung mit Aussicht vom Buchbergturm

Wer ausgiebige Waldwanderungen liebt, wird bei dieser Tour voll auf seine Kosten kommen. Ihr Höhepunkt ist die Besteigung des Buchberges, eines Ausläufers des Spessarts. Bei gutem Wetter wird man mit einer tollen Aussicht vom Buchbergturm bis nach Frankfurt belohnt. Im Bulauer Forst gibt es zudem eine romantische Klosterruine zu entdecken und die Altstadt von Niederrodenbach wartet darauf, von uns erkundet zu werden. Wir empfehlen daher, für diese Tour einen ganzen Tag einzuplanen.

Ausgangspunkt: Hanau-Großauheim, Neuwirtshaus, 108 m. Anfahrt mit PKW über B 8, Parkmöglichkeiten vorhanden (Navi: 63457 Hanau, Am Neuwirtshaus). Bahnfahrer starten in Niederrodenbach (RB ab Frankfurt Hbf bis Bf Rodenbach).
Höhenunterschied: 170 m.
Anforderungen: Lange Wanderung mit zwei steileren Passagen, zum größten Teil auf naturbelassenen Waldpfaden, teilweise auf Asphalt und Schotter.
Markierung: Blauer Punkt über grünem Strich (Hugenottenweg), B (Birkhäuser Straße), Limesweg, ohne Markierung durch Niederrodenbach, roter Querstrich, roter Balken, Spessartbogen, kurze Passage ohne Markierung, Hugenottenweg und Birkhäuser Straße.
Einkehr: Niederrodenbach, Buchberg (Restaurant Buchberggrill), ansonsten ausreichend Proviant mitnehmen, da lange Waldpassagen ohne Einkehrmöglichkeit.
Karte: RTK Rad- und Wanderkarte 509 Unteres Kinzigtal/Ronneburger Hügelland 1:40.000.
Information: Gemeinde Rodenbach (Buchbergstraße 2, 63517 Rodenbach, Tel. +49/6184/5990, www.rodenbach.de/tourismus).

Vom **Parkplatz** des ehemaligen Gasthauses **Neuwirtshaus (1)** – jetzt ein Tierrefugium – folgen wir den Markierungen »blauer Punkt über grünem Strich« (Hugenottenweg) und »B« (Birkhäuser Straße) auf einem Asphaltweg in den Wald. Beim ersten Wegkreuz biegen wir links ab und folgen ab hier der Markierung des Limes-Wanderweges durch den Wald, über die A 45 und vorbei am NSG Rote Lache bis zum Forsthaus St. Wolfgang.
Hier halten wir uns weiter auf dem Limesweg scharf links, passieren die originelle »Viertelstundenbank«, und erreichen nach wenigen Metern die **Klosterruine St. Wolfgang (2)**. Beim nächsten Wegkreuz mit dem Wanderzei-

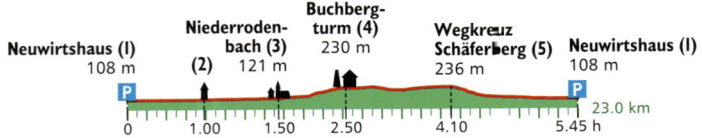

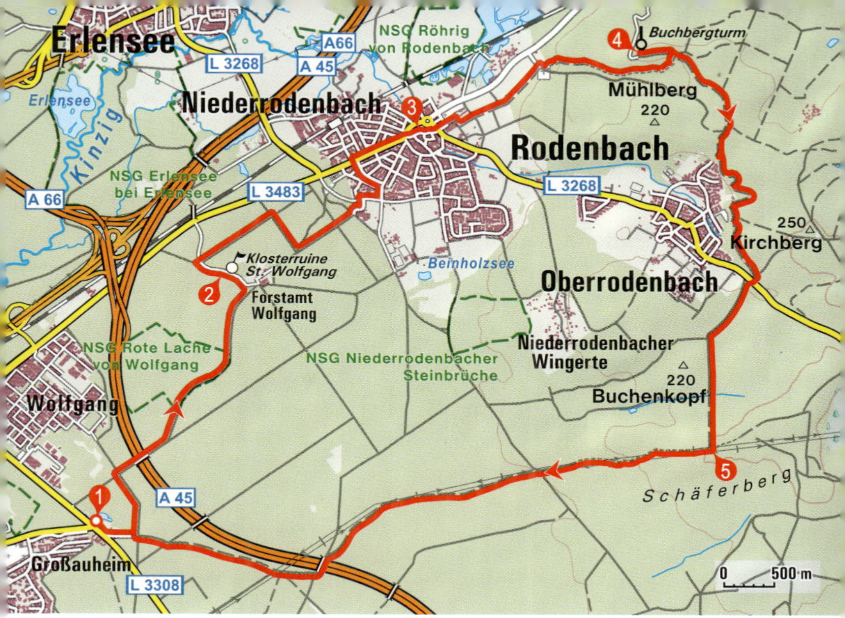

Im historischen Ortskern von Niederrodenbach.

Die Klosterruine St. Wolfgang liegt mitten im Wald.

chen »braunes Ahornblatt« biegen wir rechts ab, nach ca. 500 m erneut rechts, diesmal zusätzlich vom »grünen Eichenblatt« geleitet. Mit beiden Wegzeichen gehen wir beim nächsten Wegkreuz links und folgen dann dem Asphaltweg immer geradeaus bis an den Ortsrand von Niederrodenbach. Hier queren wir ohne Markierung das Gelände des Altenzentrums und steuern auf die große Straßenkreuzung zu. Dort folgen wir links der Gartenstraße und wieder links der Forststraße, bis diese in die Hanauer Landstraße mündet, der wir nach rechts folgen. Bei der nächsten größeren Straßenkreuzung nehmen wir halbrechts die Hauptstraße, die uns durch die historische **Altstadt** von **Niederrodenbach (3)** leitet – vorbei am Alten Rathaus und vielen schmucken Fachwerkhäusern. Hier taucht die Markierung »roter Querbalken auf«, die uns nun aus dem Ort hinaus auf die Wiesenflur leitet, den Buchberg bereits vor Augen.

Am Waldrand macht der Weg eine Rechtskehre und steigt erst allmählich, dann steiler zum Gipfelplateau des Buchberges an. Zum **Buchbergturm (4)** bzw. zur Gaststätte machen wir einen kleinen Abstecher nach links. Zurück an der Verzweigung orientieren wir uns am »roten Balken«, der uns – zeitweise begleitet von der Markierung des Spessartbogens – an Oberrodenbach vorbeiführt. Hier ergeben sich hin und wieder schöne Ausblicke durch die Bäume auf die Frankfurter Skyline und den Taunus.

Nach Überqueren der L 3268 erreichen wir nach etwa 1 km ein Wegkreuz, wo wir geradeaus nach Süden einige Höhenmeter bewältigen (wir verlassen den »roten Balken«, der hier links abbiegt). Beim nächsten **Wegkreuz (5)** am **Schäferberg** stoßen wir auf die Markierungen des Hugenottenweges und der Birkheimer Straße und folgen beiden nach rechts stets leicht bergab durch den Wald. Immer wieder entdecken wir längs des Weges alte Grenzsteine zwischen den ehemaligen Königreichen Preußen (KP) und Bayern (KB). Nach einer längeren Waldpassage überqueren wir erneut die A 45 und erreichen nach etwa 2,5 km wieder das **Neuwirtshaus (1)**.

Der Aussichtsturm auf dem Buchberg.

Taunus und Lahntal

Von Frankfurt aus jederzeit einladend als Horizontkulisse auszumachen, erstreckt sich von Südwesten nach Nordosten verlaufend der dicht bewaldete Hauptkamm eines Mittelgebirges, von dem kein geringerer als Alexander von Humboldt behauptet haben soll, es sei für ihn das schönste der Welt. Um diese Äußerung nachvollziehen zu können, reicht natürlich kein Blick vom Mainufer aus zur sogenannten »Höh«. Man muss sich schon auf den Weg machen, waldreiche Berghänge erklimmen, tief eingeschnittene Täler durchwandern und die beeindruckend frische Luft atmen, um diese Aussage nachzuempfinden.

Geografisch ist der von Rhein, Lahn, Wetterau und Main eingerahmte Taunus der südöstliche Teil des Rheinischen Schiefergebirges. Im Süden liegt der stark bewaldete **Hohe Taunus** mit dem Großen Feldberg, 881 m, dem Kleinen Feldberg, 825 m, dem vorgelagerten Altkönig, 790 m, dem Glaskopf, 687 m, und dem Kolbenberg, 684 m, als höchsten Erhebungen. Eckpfeiler zur Wetterau hin bilden Winterstein, 481 m, und Hausberg, 442 m, während im Westen Atzelberg, 507 m, Rossert, 515 m, und Staufen, 451 m, dominieren. Besonders hier treten die das devonische Gestein durchziehenden Quarzitadern spektakulär hervor.

Klimatisch begünstigt, da durch den Taunuskamm vor Nordwestwinden geschützt, bildet der **Vordertaunus** den schmalen Streifen der Übergangszone zur Rhein-Main-Ebene. Hier schmiegen sich bekannte Kur- und Erholungsorte wie Bad Soden, Königstein, Kronberg, Bad Homburg oder Oberursel in den Faltenwurf der steil auffallenden Hänge. Die Gegend ist mit ihren Streuobstwiesen, Quellen und Burgen überaus reizvoll. Die Höhenlagen sind seit jeher weniger dicht besiedelt, da wegen des raueren Klimas und der steinigeren, sauren Böden eine landwirtschaftliche Nutzung schwierig ist. Dichte

Blick auf Königstein.

Wälder und Felsen bestimmen das Bild. Nach Norden, im sogenannten **Hintertaunus**, verflüchtigt sich der gebirgsartige Charakter bis zum Lahntal durch immer breiter auslaufende Täler mit offenen Feldfluren. Vereinzelt ragen aber auch vorgeschobene Bergrücken, wie der Pferdskopf, 663 m, in die Landschaft. Idyllische Bachläufe speisen

Die Lahn bei Bad Ems.

die Flüsse der Region wie Aar, Usa oder Weil. Der östliche und nördliche Teil des Hintertaunus zeichnet sich durch bewaldete Talflanken und Bergkuppen aus, während im **Rheintaunus** die Hochflächen bewirtschaftet werden. Schattig und stark bewachsen zeigen sich dort die langen, keilförmig eingeschnittenen und stark zerklüfteten Seitentäler des Rheins.

Als älteste kulturhistorische Zeugnisse gelten die keltischen Ringwälle am Altkönig. Später siedelten Germanen an den Taunushängen und im Hinterland, die von den Römern im Bestreben, ihr Reich nach Norden hin auszudehnen, attackiert wurden. Aus römischer Zeit hat sich insbesondere in den Wäldern der **Limes** als Bodenwelle erhalten. Die Grenze lief zwischen dem 1. und 3. Jh. quer durch den Taunus und wurde von Türmen und Kastellen überwacht. Mit der Saalburg und dem Kleinkastell Pohl wurden zwei dieser Kastelle rekonstruiert. Vom Mittelalter bis zur Neuzeit herrschten regionale Grafen. Mehr oder minder gut erhaltene Burgen aus dieser Zeit können u. a. in Eppstein, Königstein, Kronberg, Oberreifenberg, Kransberg, Katzenelnbogen oder Altweilnau besichtigt werden. Politische Neuordnung und der aufstrebende Handel brachten Wohlstand für die Städte, wovon historische Ortskerne in Idstein, Butzbach, Friedberg, Hofheim, Oberursel oder Usingen zeugen. Später etablierte sich in Bad Schwalbach, Bad Soden, Bad Nauheim, Königstein oder Bad Homburg eine Kur- und Bädertradition.

Zwei Touren (20, 21) führen uns auch an die **Lahn**, dessen Unterlauf den Taunus vom Westerwald trennt. Bis zum Eintritt ins Taunusgebiet ein liebliches Flüsschen mit ausladenden Auen, modellieren bald steil abfallende, dicht bewaldete Hänge und schroff hervortretender Fels eine beeindruckende Flusslandschaft. Entlang der Lahn, die schon von den Römern rege zum Transport von Waren genutzt wurde, haben sich zahlreiche Handels- und Regierungszentren herausgebildet. Einen Besuch lohnen die alte Reichsstadt Wetzlar, Braunfels mit seinem mächtigen Schloss, das Barockjuwel Weilburg und Runkel mit seinen beiden Burgen. In einem breiten Becken folgt die Bischofsstadt Limburg mit ihren verwinkelten Altstadtgassen und dem alles überragenden Dom. Hinter der Oranierstadt Diez geht es durch enge Windungen vorbei an burggekrönten Hügelketten ins pittoreske Balduinstein, bevor mit Nassau und Bad Ems weitere Höhepunkte folgen.

10 Von Bad Soden nach Königstein

4.15 Std.

Zur größten Burgruine im Taunus

Diese Wanderung führt uns durch den klimatisch begünstigten Vordertaunus. Ausgehend vom charmanten Bad Soden mit seinen Mineralquellen und den von mondäner Bädertradition zeugenden Kuranlagen strebt man von Streuobstwiesen flankiert einem beliebten Ausflugsgasthof zu. Durch das verträumte Liederbachtal gelangt man nach Königstein, das mit seiner Burgruine das ultimative Highlight der Wanderung bildet. Nachdem den zahlreichen Sodener Salz- und Warmquellen bereits 1701 eine heilende Wirkung attestiert wurde, eröffnete 1722 das erste Kur- und Badehaus. Doch erst der Bau einer Chaussee von Höchst nach Königstein 1817 und der Bahnlinie 1847 brachte den endgültigen Durchbruch. Zu den ersten Kurgästen zählten u. a. Felix Mendelssohn Bartholdy, Otto von Bismarck und Richard Wagner.

Ausgangspunkt: Bad Soden am Taunus, Bahnhof, 141 m. Erreichbar mit S3 von Frankfurt Hbf oder RB/Bus ab Höchst. Anfahrt mit PKW über A 66, Ausfahrt Bad Soden/Königstein, und B 8 (Navi: 65812 Bad Soden am Taunus, Am Bahnhof).
Höhenunterschied: 320 m.
Anforderungen: Leichte Wanderung durch liebliche Bachtäler mit einem steileren Anstieg.
Markierung: Grüner Balken, ab Roter Mühle bis Königstein unmarkiert, schwarzes X.
Einkehr Bad Soden, Rote Mühle, Königstein.
Karte: Naturnavi Blatt 46-556 Vordertaunus 1:25.000.
Information: Fremdenverkehrsamt Bad Soden am Taunus (Kronberger Str. 1, 65812 Bad Soden am Taunus, Tel. +49/6196/208800, www.badsoden.de).
Hinweis: Man kann die Wanderung auch schon in Königstein beenden und mit dem Bus zurück nach Bad Soden bzw. mit der Bahn zurück nach Frankfurt fahren.

Im Liederbachtal, Blick auf Burg Königstein.

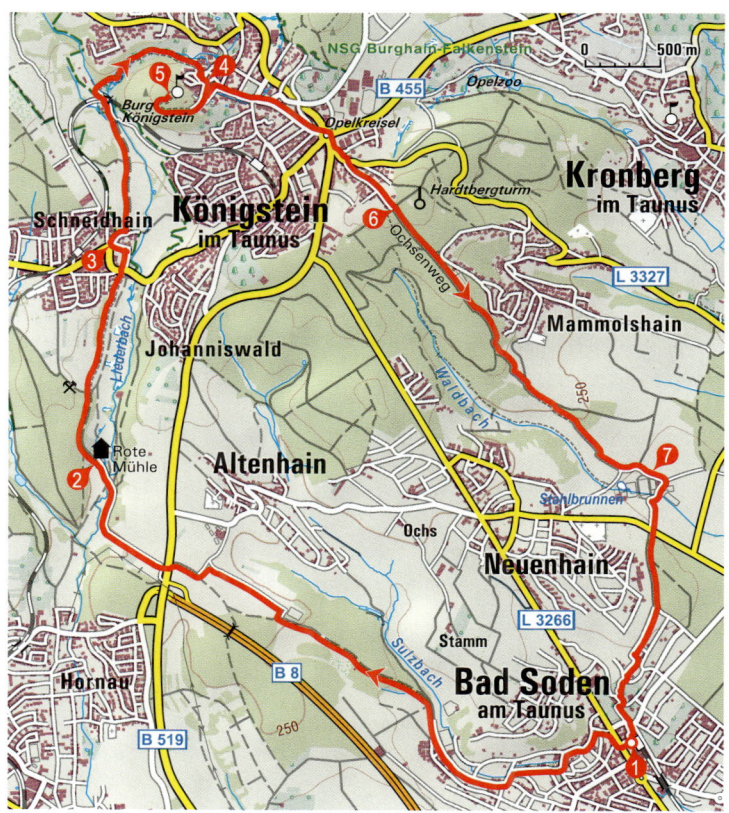

Vom **Bahnhof Bad Soden (1)** gelangen wir über die Königsteiner Straße und links in die Adlerstraße einschwenkend zur Gasse »Zum Quellenpark«, die uns zum nahe gelegenen gleichnamigen Park direkt am bekannten Hundertwasserhaus führt. Der Markierung »grüner Balken« vorbei an Schwimmbad und Sportplatz folgend, führt uns der Weg zwischen Streuobstwiesen leicht ansteigend in ein liebliches Tal. Hinter dem Bauhof halten wir uns am Feldkreuz links, überqueren unter Beachtung des teilweise regen Verkehrs die Bundesstraße und gelangen auf einer schmalen Seitenstraße ins Liederbachtal. Nach einem knappen Kilometer erreichen wir den Landgasthof

In der Altstadt von Königstein.

Rote Mühle (2) mit einem lauschigen Biergarten. Am Waldrand verlassen wir den »Grünen Balken« und schwenken rechter Hand auf einen unmarkierten Weg Richtung Schneidhain. Wenig später ist bereits der stattliche Bergfried der Königsteiner Burg auszumachen. In **Schneidhain (3)** leiten »An den Geierwiesen« und Wiesengrundstraße (rechts) durch den Ort, den wir links des Liederbachs verlassen.

Hinter der Eisenbahnbrücke erreichen wir das Woogtal mit einer alten Wassermühle und einem Stauteich, den wir rechtsseitig passieren. Im Rechtsbogen erreichen wir die Altstadt von **Königstein (4)**. Ein Abstecher zur **Burg Königstein (5)** lohnt, auch wenn der Weg über das Kopfsteinpflaster steil ansteigt. Die größte Burganlage im Taunus diente im 14. Jh. zur Sicherung der Handelsstraße zwischen Frankfurt und Köln. Erste Bebauungsreste stammen aus dem 10./11. Jh. In Königstein verdienen aber auch die hübsche Altstadt und der Kurpark Beachtung, bevor wir uns nun von »schwarzem X« geleitet entlang der Frankfurter Straße dem Verkehrsdrehkreuz Opelkreisel nähern. Hier folgt »X« zunächst der Beschilderung nach Mammolshain, um kurz danach den Hardtbergweg Richtung Wald zu erklimmen. Auf der Höhe erreichen wir den **Ochsenweg (6)**, dem wir nun durch bezaubernden Mischwald mit uralten Kastanien folgen. Vorbei am Mammolshainer Sportplatz führt er uns in die Obstplantagen von Neuenhain. Kurz nachdem wir die Rastbänke mit Blick auf Frankfurt passiert haben, schlägt sich unser Weg rechter Hand und unscheinbar in die Büsche. Auf schmalem Pfad erreichen wir die **Tennisplätze (7)**, wo wir weiter dem »X« folgend nach rechts abbiegen. Hinter der kreuzenden Landstraße gelangen wir bald schon zurück nach **Bad Soden (1)** und zu dessen herrlichem Kurpark direkt neben dem **Bahnhof**.

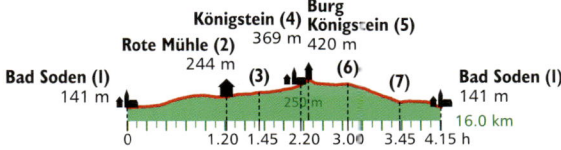

2.45 Std.

Kronberger Spaziergang 11

Von sprudelnden Quellen und wilden Tieren

Wir möchten Ihnen gewiss keinen Bären aufbinden, wenn wir Ihnen versichern, dass Sie auf dieser Wanderung mit großer Wahrscheinlichkeit Giraffen und auch Elefanten sehen werden. Doch damit nicht genug. Ein stilles Tal mit uraltem Baumbestand ist ein wahrer Geheimtipp, der sich nicht hinter dem weitläufigen Krontaler Quellpark mit einer Mineralwassertretstelle verstecken muss. Einen weiteren Höhepunkt bildet der Ausgangsort dieser stimmungsvollen Wanderung – Kronberg mit seiner verwinkelten Altstadt und der Burg. Kronberg ist eine der Perlen an den mediterran anmutenden Südosthängen des Hochtaunus. Klimatisch begünstigt, von herrlicher Landschaft umgeben und in Reichweite der Weltstadt Frankfurt galt und gilt Kronberg als exponierter Wohnort all derjenigen, die es sich leisten können. Die malerische Altstadt mit ihren von Fachwerkhäusern gesäumten Gassen, den schmalen Treppensteigen und der gut erhaltenen Burg, dessen ältester Teil aus dem 12. Jh. stammt, machen Kronberg zu einem beliebten Touristenziel.

Ausgangspunkt: Kronberg im Taunus, Berliner Platz, 250 m. Erreichbar mit S4 von Frankfurt Hbf bis Bf Kronberg und Bus 72 bis Berliner Platz. (Navi: 61476 Kronberg im Taunus, Berliner Platz.)
Höhenunterschied: 250 m.
Anforderungen: Nur zwei kürzere Anstiege, schmale Pfade im Mammolshainer Wald, ansonsten breite Wanderwege.

Markierung: Gelber Balken, schwarzer Punkt, Blatt, keine Markierung, Räuber.
Einkehr: Kronberg, Opelzoo.
Karte: Naturnavi Blatt 46-556 Vordertaunus 1:25.000.
Information: Fremdenverkehrsamt Kronberg im Taunus (Katharinenstraße 7, 61476 Kronberg im Taunus, Tel. +49/6173/7030, www.kronberg.de).

Die Wanderung beginnt am **Berliner Platz** in **Kronberg (1)**. Wir durchqueren die angrenzende Parkanlage »Schulgarten« bis zum Hotel Schützenhof, wo wir der Markierung »gelber Balken« durch die Friedrich-Ebert- und die Eichenstraße folgen, bis uns linker Hand der Philosophenweg ins Rentbachtal leitet. Obstbäume säumen den Weg, der bald schon einen Blick Richtung Frankfurt ermöglicht. Unmerklich ansteigend gelangen wir immer geradeaus direkt in den **Opelzoo (2)**, den wir ohne Eintritt zu bezahlen der Länge nach durchqueren. Rechts die Giraffen, links die Elefanten, dazu Affen, Raubkatzen und Dromedare. 1956 von Georg von Opel initiiert, gehört der Zoo heute zu den meistbesuchten Einrichtungen seiner Art in Hessen (www.opelzoo.de). Sollte der Weg einmal versperrt sein, so können wir das

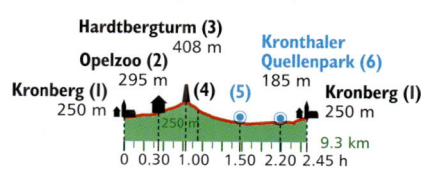

Blick zur Kronberger Burg.

Gelände linksseitig umgehen. Am Ende des Zoos halten wir uns links und steigen empor zum Waldrand (Beschilderung Richtung Hardtbergturm, »schwarzer Punkt«). Am anderen Ende des Parkplatzes, den wir komplett durchqueren, führt ein schmaler Pfad (Markierung »Blatt«) in den Wald, dem wir recht steil ansteigend zum derzeit leider geschlossenen **Hardtbergturm (3)** folgen. Dahinter trifft man in gerader Linie auf den links abzweigenden Ochsenweg, den wir ignorieren. Statt seiner folgen wir dem schmalen Pfad, der kurz danach links ins Unterholz leitet. Im weiteren Verlauf zu einem Waldlehrpfad werdend, bringt uns dieser Weg in ein Bachtal hinunter. Wir folgen nun dem unmarkierten Weg links des Bachlaufs durchs sogenannte **Süße Gründchen (4)**. Geradezu abwitzige Baumverwachsungen, hohle oder verzwirbelte Stämme, knorrige und verflochtene Äste säumen den Pfad. An einer Lichtung wenden wir uns kurz nach rechts, bleiben aber auf dieser Bachseite. Am Bolzplatz am **Stahlbrunnen (5)** schwenken wir nach links, folgen dem Zaun an der Sportanlage und treffen an den Tennisplätzen auf die Räuber-Markierung, die uns links abbiegend wieder Richtung Kronberg leitet. Nachdem wir nach etwa 1,3 weiteren Kilometern die Landstraße überquert haben, gelangen wir zum **Kronthaler Quellenpark (6)**, wo wir nach Herzenslust von den gesunden Mineralquellen kosten dürfen. Außerdem steht zur Freude der Wanderer auch eine Wassertretstelle zur Verfügung. Nun folgt noch ein strammer Aufstieg in die Altstadt von **Kronberg (1)**, der aber von einem wunderschönen Burgblick versüßt wird.

5.00 Std.

Rund um Glashütten 12

Mit dem Limes ins Dattenbachtal

Auf den Spuren der Römer zieht sich die Wanderung vom malerisch unterhalb des 658 m hohen Glaskopfs gelegenen Hochtaunusort Glashütten hinunter ins lauschige Dattenbachtal. Auf diesem Abschnitt kann man an mehreren Stellen die gut sichtbaren Reste des Limes erkennen. Ab Ehlhalten steigt der Weg im Silberbachtal stetig an, passiert die Weideflächen an der Kippelmühle, durchkreuzt Schloßborn und strebt im dichten Wald wieder dem Ausgangspunkt entgegen. Der Name Glashütten verweist auf die lange Tradition der Glasproduktion, denn schon mindestens 200 Jahre vor der Ortsgründung im Jahre 1685 gab es hier zahlreiche Waldglashütten. Archäologische Grabungen haben reiches Fundmaterial von Hohl- und Flachglas zu Tage gefördert.

Ausgangspunkt: Glashütten (Taunus), nördlicher Ortsausgang, 514 m. Erreichbar ab Frankfurt Hbf mit Bahn (HLB) bis Königstein und Bus 60 bis Haltestelle »Glashütten Dornsweg«. Anfahrt mit PKW über A 66, Ausfahrt Bad Soden / Königstein, und B 8 (Navi: 61479 Glashütten, Dornsweg).
Höhenunterschied: 370 m.
Anforderungen: Wanderung auf anfangs schmaleren Pfaden, ab dem Silberbachtal kontinuierlich ansteigend.
Markierung: Limesturm, schwarzer Punkt, weißer Balken, Taunus-Schinderhannes-Steig, XT.
Einkehr: Glashütten, Schloßborn.
Karte: Naturnavi Blatt 46-556 Vordertaunus 1:25.000.
Information: Taunus Touristik Service (Taunus-Informationszentrum, Hohemarkstraße 192, 61440 Oberursel Taunus, Tel. +49/6171/50780, www.taunus.info).

Am oberen nördlichen Ortsrand von **Glashütten (1)** folgen wir einem Weg, der mit der Limesturm-Markierung linker Hand und gleich recht steil abfallend in den Wald sticht.

Nach Querung eines Bachlaufs und kurzem Anstieg erreichen wir eine freie Kuppe, an der man einen schönen Blick auf Glashütten und den Glaskopf hat. (Dieser hieß einstmals »Steifer Berg« oder »Staufen« und wurde wohl von übermütigen oder standesbewussten Glasbläsern umbenannt.) An dieser Stelle verbergen sich im lichten Gesträuch aber auch die Fundamente

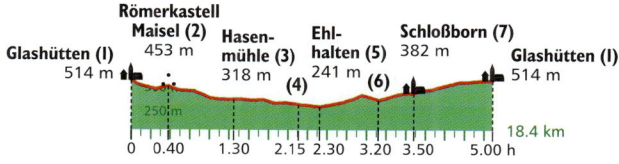

Idyllischer Wiesengrund im Dattenbachtal.

des **Kleinkastells Maisel (2)**, das neben vielen anderen seiner Art zur Sicherung des Limes diente, des alten Grenzwalls, der zwischen 90 und 260 n. Chr. die römische Provinz Obergermanien vom freien Germanien trennte. Der Weg folgt nun dem als langgezogene Bodenwelle auch nach knapp 2000 Jahren deutlich sichtbaren Limes talwärts. Auf schmalem Pfad passieren wir einen verwunschen wirkenden Mischwald mit alten Baumriesen, bevor plötzlich, so als würde ein Vorhang aufgezogen, eine weite Wiesenlandschaft das Bild dominiert. Lichter Auenwald prägt die Szenerie und wir hören das Plätschern des Bachlaufs, während uns der nun breitere Weg zum Aussiedlerhof **Hasenmühle (3)** führt.

Dort folgen wir der Markierung »schwarzer Punkt« zunächst kurz nach links und biegen bei nächster Gelegenheit spitzwinklig rechts ab. Unentwegt folgt die Route dem durch Zuflüsse immer breiter werdenden Dattenbach, zunächst auf der einen, später auf der anderen Seite. Die Fischteiche einer **Forellenzucht (4)** passierend erreichen wir **Ehlhalten (5)**, den tiefsten Punkt der Wanderung – seit dem Aufbruch in Glashütten haben wir rund 270 Höhenmeter eingebüßt, die es nun wieder aufzuholen gilt.

Im Ortszentrum übernimmt die Markierung »weißer Balken« die Wegweisung und führt uns linker Hand über Lang-, Kirch- und Silberbachstraße ins Silberbachtal. Anfangs gehen wir auf Asphalt, doch schroffes Gestein und eine lauschige Weggabelung an der Brücke entschädigen reichlich. Wir wechseln die Bachseite, wenden uns nach links und steigen neben dem Bachlauf bergan. Nach einem merklichen Höhengewinn kreuzt nach einem markanten Rechtsbogen der Taunus-Schinderhannes-Steig, mit dem wir links abbiegen. Auf einem wurzeligen Waldpfad verliert man rasch an Höhe und hält sich am Talweg kurz rechts, um wenig später zwischen den Wiesen wieder links abzuzweigen. Im idyllischen Wiesengrund liegt die alte **Kippelmühle (6)**. In **Schloßborn (7)** – Einkehrmöglichkeit – wenden wir uns mit der

Markierung »XT« an der Durchgangsstraße nach rechts. »XT« leitet sicher durch den Ort, bis wir »Auf dem Quäken« links in den Wald einbiegen. Aufsteigend erreichen wir im dichten Gehölz bei den Tennisplätzen den Ausgangsort **Glashütten (1)**. Am kreuzenden Idsteiner Weg halten wir uns zunächst rechts. Die Gartenstraße und der rechter Hand ansteigende Schloßborner Weg bringen uns wieder zur Hauptverkehrsader Limburger Straße und zum nördlichen Ortsrand.

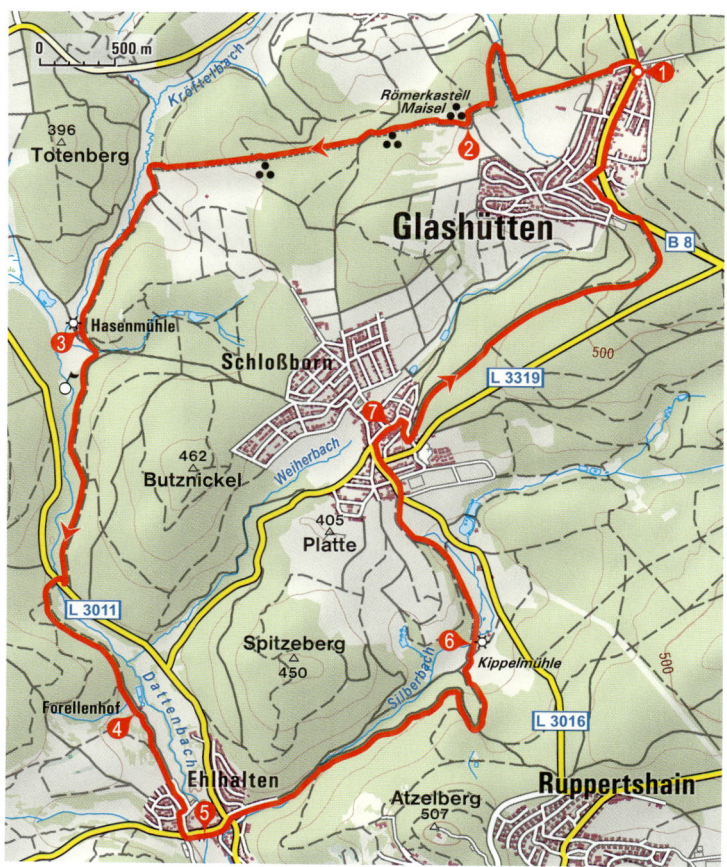

TOP 13 Königsteiner Taunusberge

7.00 Std.

Mittelalterliche Burgen und Ringwälle am Altkönig

Ausgedehnte, anspruchsvolle Wanderung entlang der stellenweise steil emporstrebenden Südosthänge des Taunus zu einem seiner höchsten und mit zwei keltischen Ringwällen umgebenen Berge – dem Altkönig! Den langen Anlauf dorthin säumen eine schön gelegene Burgruine, schroffe Felsformationen und stimmungsvolle Aussichtsplätze. Auf dem Rückweg lohnt eine Einkehr am Fuchstanz.

Ausgangspunkt: Königstein im Taunus, Stadtmitte, Busbahnhof, 369 m. Erreichbar ab Frankfurt Hbf mit der Bahn (HLB) bis Bf Königstein und Bus 85 bis Haltestelle »Stadtmitte« oder mit S3 bis Bad Soden und Bus 253. Anfahrt mit PKW über A 66, Ausfahrt Bad Soden / Königstein, und B 8 (Navi: 61462 Königstein im Taunus, Georg-Pingler-Straße).
Höhenunterschied: 680 m.
Anforderungen: Sehr lange Wanderung auf überwiegend bequemen Waldwegen mit einem anstrengenden Aufstieg zum Altkönig.
Markierung: Schwarzes X, schwarzer Punkt, unmarkiertes Teilstück, grüner Balken, gelber Balken, schwarzer Punkt, Widderkopf, schwarzer Balken.
Einkehr: Königstein, Falkenstein, Fuchstanz.
Karte: Naturnavi Blatt 46-556 Vordertaunus 1:25.000.
Information: Kur- und Stadtinformation Königstein (Kurparkpassage, Hauptstraße 13a, 61462 Königstein, Tel. +49/6174/202251, www.kur-koenigstein.de).

Vom **Busbahnhof** in der Stadtmitte von **Königstein (1)** folgen wir der Markierung »schwarzes X« zum Kurbad, hinter dem sich im Wald ein schmaler Pfad zu einem grandiosen Aussichtsplatz emporwindet. Die nächste Burgruine, die wir (»schwarzem X« durch den Wald folgend) nach einem knappen Kilometer erreichen, erweist sich zwar als deutlich überschaubarer als die Burg Königstein, ist jedoch nicht weniger eindrucksvoll – bietet sich von hier aus doch auch ein prächtiger Blick in die Ebene Richtung Frankfurt. Im Vordergrund ist die Burg Kronberg zu sehen. Auf dem schroff abfallenden Felssporn befinden sich neben der

Burgruine Falkenstein.

Burgruine Falkenstein (2) auch Reste der Burg Nürings aus dem 11. Jh. Im Ort **Falkenstein (3)** halten wir uns zunächst zweimal rechts, bevor uns linker Hand die Markierung »schwarzer Punkt« in den Debusweg leitet und anschließend im Wald bergan führt. Vorbei am Friedhof führt uns dieselbe Wegmarkierung nun auf immer schmaler werdenden Pfaden zum Viktoria-Tempel. Am **Hünerberg (4)** bietet sich uns bei einer Schutzhütte eine logenartige Fernsicht. Nach steilem Abstieg auf felsigem Gelände wenden wir uns am breiten Querweg nach links. In gerader Linie erreichen wir (unmarkiert) sacht ansteigend nach etwa 1,4 km eine Schutzhütte, an der uns die Markierung »grüner Balken« auf wurzeligem Untergrund bergwärts weist. Das anstrengende Teilstück führt uns nun auf den Gipfel des **Altkönigs (5)**. Neben der schönen Aussicht bilden zwei mächtige keltische Ringwälle, die aus der La-Tène-Zeit um etwa 400 v. Chr. stammen, einen weiteren Höhepunkt. Knochig verwachsener Baumbestand zeugt darüber hinaus vom rauen Klima auf dem Vorposten des Taunus-Höhenkamms. Auf der anderen Seite führt der Weg nun weniger beschwerlich und viel aussichtsreicher talwärts und trifft in einer Spitzkehre auf die Markierung »gelber Balken«, der wir linker Hand zum **Fuchstanz (6)** – Einkehrmöglichkeit – folgen. Mit »schwarzer Punkt« geht es nun durch den lichten Mischwald zur unscheinbaren **Schutzhütte Teno (7)** am Fuße des Glaskopfs. Hier folgen wir der Widder-Markierung und knicken gleich am Anfang des Parkplatzes links ab (also nicht an der Hütte geradeaus weitergehen!). Nach etwa 800 m übernimmt am Kohlweg links die Markierung »schwarzer Balken«. Die wunderschöne Waldkulisse bildet einen angemessenen Rahmen für den Abstieg nach **Königstein (1)**.

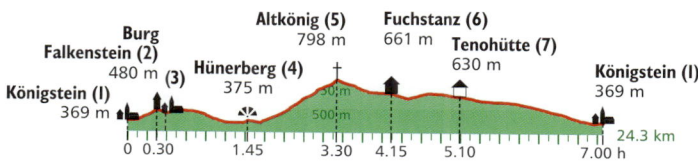

14 Von Schmitten zum Großen Feldberg

5.15 Std.

Auf dem Dach des Taunus

Der Große Feldberg ist mit 879 m die höchste Erhebung des Taunus und von der vorgelagerten Rhein-Main-Ebene wie auch vom Hintertaunus aus durch das markante Turmtrio und die nebenstehende Antenne leicht zu identifizieren. Da die hier beschriebene Feldbergbesteigung im auf 440 m gelegenen Schmitten beginnt, ist die zu überwindende Höhendifferenz vergleichsweise gering. Es ergeben sich im urwüchsigen Hochwald lediglich zwei anspruchsvollere Steigungen.

Ausgangspunkt: Schmitten (Hochtaunus), Ortsmitte, 436 m. Erreichbar ab Frankfurt Hbf mit der Bahn (HLB) bis Bf Neu-Anspach und Bus 80 bis Haltestelle »Kirche, Schmitten«. (Navi: 61389 Schmitten, Schillerstraße.)
Höhenunterschied: 510 m.
Anforderungen: Ein steiler Anstieg zu Beginn und einer beim Gipfelsturm auf schmalem Pfad, ansonsten moderate Anforderungen.

Markierung: Liegendes U, schwarzer Ring, Rechteck/Geweih, XT, Limesturm, roter Balken.
Einkehr: Schmitten, Rotes Kreuz, Großer Feldberg.
Karte: Naturnavi Blatt 47-557 Hochtaunus 1:25.000.
Information: Tourismus- und Kulturverein Schmitten (Parkstraße 2, 61389 Schmitten im Taunus, Tel. +49/6084/4623, www.schmitten.de).

In der Ortsmitte von **Schmitten (1)** folgen wir kurz der Schillerstraße Richtung Reifenberg und anschließend der Seelenberger Straße. Am Ende der Bebauung zweigen wir rechts ab (»Am Kohlberg«, Markierung »liegendes U«). Nach einem steilen Anstieg gelangen wir durch den Wald nach **Seelenberg (2)**. Im Ort biegen wir nach 150 m in den Kreuzweg ein, an dessen Ende wir auf den »schwarzen Ring« und den Taunus-Schinderhannes-Steig treffen, denen wir linker Hand durch die Höhenstraße in Richtung Waldrand folgen. Am Ortsende halten wir uns links und durchwandern mit dem »schwarzen Ring« den dunklen Hochwald, wo wir am Straßendreieck eine Schutzhütte passieren. Nach weiteren 3 km weist uns rechter Hand die Markierung »Rechteck« zum **Großen Zacken (3)**. Nach einem kurzen, aber lohnenswerten Abstecher zu dem gewaltigen Felsen folgen wir vom Abzweig wieder dem »Rechteck« sowie dem »Geweih« geradeaus zum etwa 1,3 km entfernten

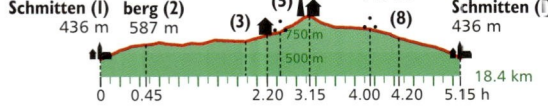

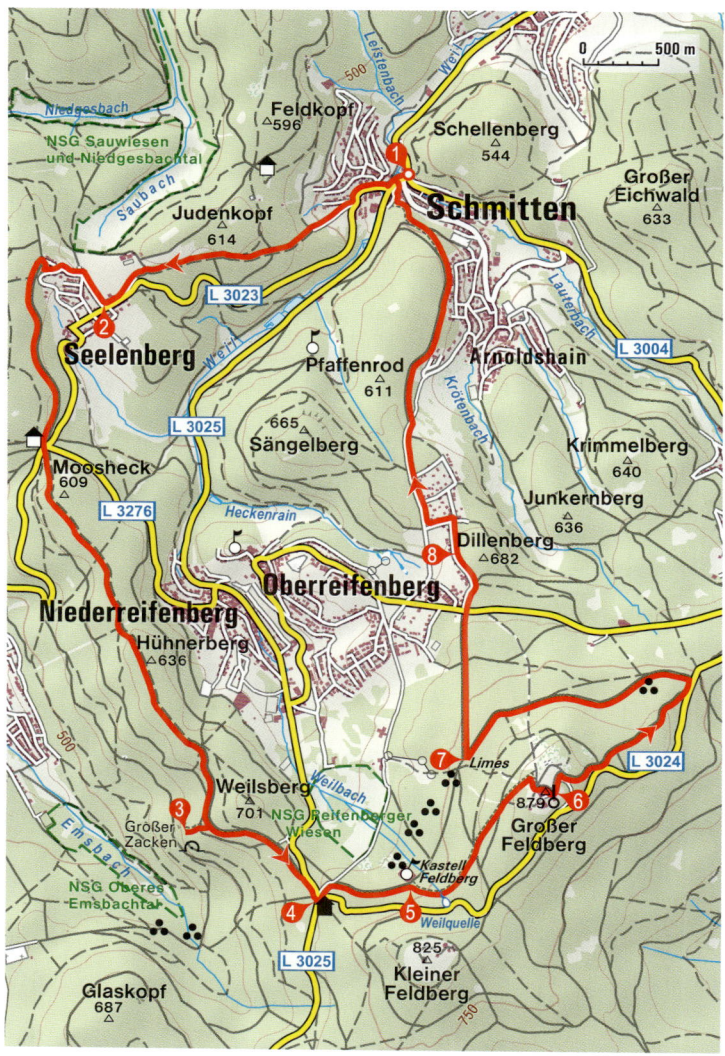

Gasthaus Rotes Kreuz (4). Von dort aus gehen wir mit »XT« und »Limesturm« zum teilrestaurierten **Römerkastell Feldberg (5)**. Das höchstgelegene Kastell am obergermanischen Limes gilt aufgrund seiner rundum gut zu erkennenden Umwehrung als eines der am besten erhaltenen antiken Bauwerke in Deutschland. Infotafeln beleuchten die Geschichte des Kastells und der Römer in Mitteleuropa. Vis-à-vis sticht ein schmaler, steiler Pfad empor, der uns über die Weilquelle zum **Großen Feldberg (6)** führt.

Das 879 m hohe Gipfelplateau krönt ein Turmensemble, welches die weithin sichtbare Silhouette unverwechselbar dominiert. Neben dem Aussichtsturm und dem Fernmeldeturm befinden sich hier oben ein Rohrmast und ein Ersatzmast des Hessischen Rundfunks. Ferner sind die Bergwacht, ein Restaurant und eine Greifvogelstation ansässig. An der Nordseite findet sich mit dem Brunhildisfelsen eine interessante Gesteinsformation.

Unseren Rückweg leitet auf der Ostseite rasant an Höhe einbüßend »XT« ein, bevor links die Markierung »Limesturm« übernimmt und uns am Ehrenmal vorbei um die Nordflanke des Feldbergs leitet. Gut erkennbar ist dabei der römische Grenzwall **Limes (7)**, der sich bis in unsere Zeit als markante langgezogene Bodenwelle erhalten hat. Rechtsseitig führt uns »roter Balken« in gerader Falllinie zur **Siegfried-Siedlung (8)** und dann durch den Wald stetig bergab zurück nach **Schmitten (1)**.

Das Gipfelplateau des Großen Feldbergs.

4.00 Std.

Von Oberursel-Hohemark zum Herzbergturm 15

Viele Felsen und ein überragender Ausblick

Stille Wälder und bizarre Felsen bestimmen das Bild der Wanderung. Doch der sprichwörtliche Höhepunkt ist der Aussichtsturm auf dem Herzberg. Sein Bau wurde 1910 von Kaiser Wilhelm II. höchstpersönlich genehmigt. Damit wurden die Bestrebungen von Homburger Naturfreunden, den Taunus auch weniger ambitionierten Müßiggängern näherzubringen, eindrucksvoll untermauert.

Ausgangspunkt: Oberursel-Hohemark, Taunus-Informationszentrum, 307 m. Erreichbar ab Frankfurt Hbf mit S5 und U3 über Oberursel. Anfahrt mit PKW über A 661 und B 455 (Navi: 61440 Oberursel, Hohemarkstraße 192).
Höhenunterschied: 320 m.
Anforderungen: Nur ein längerer Steilanstieg ist zu meistern, die Wege sind bequem.
Markierung: Schwarzer Balken, unmarkiertes Teilstück, Wildschwein, blauer Punkt, XT, unmarkiertes Teilstück, Wildschwein, Rotes Kreuz.
Einkehr: Herzberg, Forellengut.
Karte: Naturnavi Blatt 47-557 Hochtaunus 1:25.000.
Information: Taunus-Informationszentrum (Hohemarkstraße 192, 61440 Oberursel Taunus, Tel. +49/6171/50780, taunus.info).

Die Markierung »schwarzer Balken« führt uns vom postmodernen **Taunus-Informationszentrum** an der U-Bahn-Station **Oberursel-Hohemark (1)** in nördlicher Richtung in den Wald und nach etwa 250 m links ansteigend zur Bergkuppe Goldgrube. Das Gebiet ist von keltischen Ringwällen durchzogen. Hinweistafeln geben Auskunft über die Besiedlungsgeschichte. Der Weg führt auf halber Höhe an der östli-

Der Aussichtsturm auf dem Herzberg.

chen Hangflanke entlang. Nach ca. 600 m lohnt ein Abstecher rechts hinab zum **Goldgrubenfelsen (2)**. Danach kehren wir zum Hauptweg zurück. Dort, wo »schwarzer Balken« abrupt rechter Hand talwärts sticht, folgen wir dem unmarkierten Weg in gerader Linie. Nach 400 m wenden wir uns nach links und lassen uns von der Markierung »Wildschwein« in weitem Bogen ohne größere Auf- und Abstiege um den **Bleibeskopf (3)** leiten.

Hier liegen an vielen Stellen größere Felsbrocken in der Landschaft. Nach kurzem Abstieg längs der Talflanke folgt rechter Hand der etwa einen Kilometer lange, mit »blauem Punkt« gekennzeichnete Steilaufstieg zum **Herzberg (4)**. Neben der Einkehrmöglichkeit werden wir mit einem prächtigen Rundblick vom Aussichtsturm belohnt. An der Weggabel vor dem Herzberg-Areal halten wir uns nun rechts und folgen der Markierung »XT«, die uns bald rasant talwärts zum **Marmorstein (5)** schickt, der markantesten Felsenformation entlang der Tour. Am Querweg unterhalb der Felsen wenden wir uns nach rechts und folgen dem unmarkierten Weg immer geradeaus, an der entgegenkommenden Haarnadelkurve halten wir uns links. So treffen wir nach kurzem Wegstück erneut auf die Markierung »Wildschwein«. Am **Forellengut (6)**, einer weiteren lohnenden Einkehrmöglichkeit, übernimmt schließlich die Markierung »Rotes Kreuz« und leitet uns immer geradeaus zurück nach **Oberursel-Hohemark (1)**.

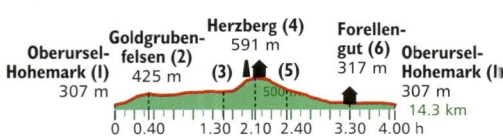

Eppsteiner Bergtour 16

5.30 Std.

Erstklassige Aussichtspunkte und ein alter Reiterhof

Anspruchsvolle Berg- und Talwanderung in urwüchsiger Natur, mit mehreren fantastischen Aussichtsplätzen, einem stilvollen Reiterhof und einem klassizistischen Tempel. Schon der Ausgangspunkt, das Städtchen Eppstein mit seiner historischen Altstadt, bildet ein Highlight. Eppstein imponiert vor allem wegen der mächtigen Burg, deren erste urkundliche Erwähnung auf das Jahr 1122 zurückgeht. Die Ortsgründer, die Herren von Eppstein, waren eine Macht im Taunusgebiet. Nach dem Aussterben des Adelsgeschlechts wechselte die Burg mehrfach ihre Besitzer, verfiel und wurde als Steinbruch genutzt.

Ausgangspunkt: Eppstein, Altstadt, Talkirche, 193 m. Erreichbar ab Frankfurt Hbf mit S2, kurzer Fußweg in die Altstadt. Anfahrt mit PKW über A 3, Ausfahrt Wiesbaden/Niedernhausen, und B 455 (Navi: 65817 Eppstein, Burgstraße).
Höhenunterschied: 620 m.
Anforderungen: Mehrere steile Auf- und Abstiege auf teilweise schmalen Pfaden.
Markierung: Grüner Punkt, XT, grüner Punkt, grüner Balken, blauer Balken, XT.
Einkehr: Eppstein, Eppenhain, Ruppertshain, Rettershof, Fischbach, Kaisertempel.
Karte: Naturnavi Blatt 46-556 Vordertaunus 1:25.000.
Information: Eppstein-Touristik-Service (Bezirksstraße 2, 65817 Eppstein, Tel. +49/6198/2863, www.eppstein-touristik-service.de).

Die Wanderung beginnt in der Altstadt von **Eppstein (1)** vor der spätgotischen **Talkirche** aus dem frühen 15. Jh. unterhalb der Burgruine. Wir folgen von hier aus der Burgstraße in östlicher Richtung. An der Kreuzung halten wir uns links und nehmen in der Fischbacher Straße den (mit »grünem

Blick vom Atzelberg.

Punkt« markierten) ansteigenden Fußweg, der steil bergan führt. Im Schatten der letzten Häuser schwenkt der Weg in den Wald, wo er kurzzeitig an Höhe einbüßt, um nach der Weggabel rechter Hand stark anzusteigen. Einen Weiher und eine große begraste Lichtung passierend, erreichen wir den Ortsrand von Eppenhain. Nun folgen wir noch etwa 800 m dem »grünen Punkt« nach rechts, bis uns links »XT« steil empor zum Gipfel des **Rossert (2)** führt. Bizarre Grünschieferfelsen bestimmen das Bild, bevor sich vom Felsennest mit Rastbank ein eindrucksvoller Weitblick präsentiert. Ein schmaler Pfad bringt uns nun in den Ort **Eppenhain (3)** – Einkehrmöglichkeit.

Unweit vom Gasthof weisen Schilder zum Aussichtsturm auf dem **Atzelberg (4)**, der Abstecher lohnt wegen der fulminanten Rundumsicht. Anschließend überqueren wir auf Höhe des Parkplatzes beim Rettungspunkt MTK-35 die Landstraße und lassen uns von der Markierung »grüner Balken« im Wald steil abfallend nach **Ruppertshain (5)** leiten. Am unteren Ortsende

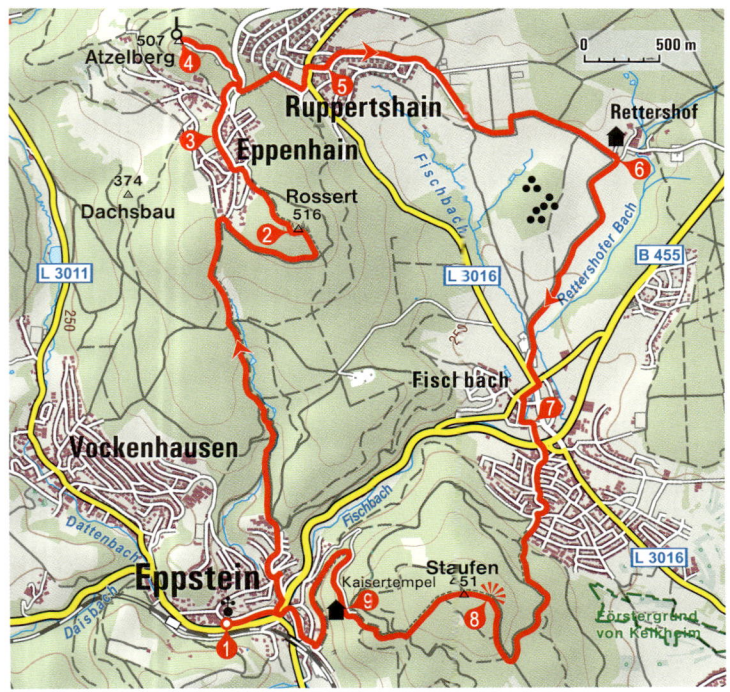

Der Rettershof.

biegt »grüner Balken« vor dem Sportsplatz rechts ab und führt uns vorbei an Streuobstwiesen und Feldern zum **Rettershof (6)**, einem sehenswerten alten Gestüt mit Schlosshotel und gemütlichem Landgasthof. Die Markierung »blauer Balken« bringt uns nun nach **Fischbach (7)**, wo wir im Ortskern wieder auf »XT« treffen. In südlicher Richtung verlassen wir den Ort, um im Wald den mächtigen **Staufen (8)** zu erklimmen. Nach gut 200 Hm Aufstieg belohnt ein herrlicher Panoramablick Richtung Feldbergmassiv. Beim jenseitigen Abstieg erwartet uns ein traumhafter Blick auf Eppstein vom 1894 erbauten **Kaisertempel (9)** – Einkehrmöglichkeit. Weiterhin »XT« folgend gelangen wir schließlich zurück ins pittoreske **Eppstein (1)**.

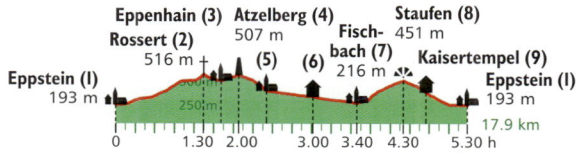

17 Limesspuren bei Idstein

5.45 Std.

Markante Grenzlinien aus der Römerzeit

Wer den Mühen der Römer beim Bau des Limes nachspüren möchte, sollte sich diese Tour nicht entgehen lassen. Neben dichten Wäldern, offenen Wiesen- und Felderlandschaften sowie idyllischen Bachtälern begibt man sich auf eine spannende Spurensuche nach einer fast 2000 Jahre alten Grenzbefestigung. Das 1102 erstmals urkundlich erwähnte Idstein kann sich einer sehr gut erhaltenen Altstadt mit eindrucksvollen Bauten rühmen. Viele mit reichem Schnitzwerk verzierte Fachwerkhäuser aus dem 15. bis 18. Jh., Adelssitze wie der Stockheimer Hof oder das Schloss mit seinem Barockgarten prägen das Stadtbild. Der neben dem alten Amtsgericht stehende Hexenturm ist das älteste noch erhaltene Bauwerk der Stadt.

Ausgangspunkt: Idstein, Ortsmitte, König-Adolf-Platz, 265 m. Erreichbar ab Frankfurt Hbf mit der Bahn (RB/RE) bis Bf Idstein und Bus 222 zum Busbahnhof. Anfahrt mit PKW über A 3, Ausfahrt Idstein (Navi: 65510 Idstein, König-Adolf-Platz).
Höhenunterschied: 500 m.
Anforderungen: Wegen mehrerer steiler Anstiege ist Kondition gefragt, vor allem im Bereich der Limesführung sind die Wege schmal.
Markierung: Weißes X, Limesturm, liegendes Y, roter Punkt.
Einkehr: Idstein, Dasbach, Oberauroff, Niederauroff.
Karte: Naturnavi Blatt 45-557 Hintertaunus Mitte 1:25.000 und Blatt 45-555 Wiesbaden und Umgebung 1:25.000.
Information: Tourist-Info Idstein (Killingerhaus, König-Adolf-Platz 12, 65510 Idstein, Tel. –49/6126/780, www.idstein.de).

Limesturm bei Dasbach.

Die Tour beginnt in **Idstein (1)** am **König-Adolf-Platz** vor dem historischen Rathaus (1698) und dem Kanzleitor (1497). Die Markierung »weißes X« führt uns durch Himmelsgasse, Weiherwiese, Escher und Schützenhausstraße in östlicher Richtung stadtauswärts. Am Restaurant Ponyhof tauchen wir in den Wald ein, wo der Weg kräftig ansteigt. Nach einem kurzen Wegstück entlang der Landstraße zweigen wir rechts ab (weiterhin »weißes X«) und folgen dem Verlauf der alten Straße Idstein–Frankfurt über den Heidekopf. An der Pferdekoppel bietet sich ein Blick Richtung Feldberg. Wir folgen »weißem X« nun noch etwa 500 m zum ehemaligen Standort des **Römerkastells Alteburg (2)**, von dem jedoch nichts mehr zu sehen ist. Gleichwohl befindet sich an selbiger Stelle heute ein schöner Rastplatz unter Obstbäumen.

Wer auf den Abstecher verzichtet, biegt gleich nach rechts auf den Limesweg (Limesturm-Markierung) ab und befindet sich alsbald auf einem schmalen Pfad der römisch-germanischen Geschichte. Deutlich ist der Verlauf der alten Grenze im Gelände zu sehen, die gegen Ende des 1. Jh. n. Chr. errichtet wurde. Im Laufe der römischen Herrschaft änderte sich neben der Art der Grenzbefestigung gelegentlich auch deren Verlauf. Etwa im Bereich der Kammhöhe teilt sich die markante Bodenwelle des Limes. Hier fand zu einem leider nicht präzise bestimmten Zeitpunkt eine **Grenzverlegung (3)** statt. Vermutlich ging es darum, den Grenzverlauf durch eine Begradigung

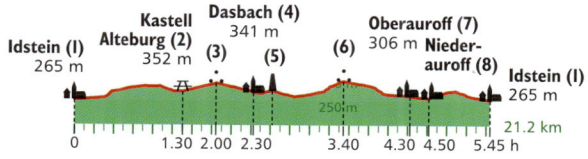

In der Altstadt von Idstein.

besser überwachen zu können. Beim Waldaustritt ist auf dem gegenüberliegenden Hang der Nachbau eines römischen Wachturms zu erkennen. Wir gelangen dorthin, indem wir dem Turmsymbol folgend **Dasbach (4)** durchqueren. Hinter dem **Wachturm (5)** führt der Weg jenseits der Landstraße in gerader Linie ins Wörsbachtal, wo wir kurzzeitig dem Lauf des Wassers folgen, bevor uns der Limesweg links bergan führt. Richtig steil wird es nach Unterqueren von Eisenbahnlinie und Autobahn, wo der **Limes (6)** im Gelände wieder deutlich zu sehen ist. Am zweiten größeren Querweg haben wir es dann geschafft und folgen »liegendem Y« nach rechts talwärts. Bis zum Talgrund am Escherhahner Bach verliert man 150 Hm.

Durch das liebliche Tal gelangen wir nach **Oberauroff (7)**, wo wir uns rechts halten und die Landstraße überqueren, um in **Niederauroff (8)** eine weitere Einkehrmöglichkeit zu finden. Wir folgen rechts der Brunnenstraße und lassen uns von der Markierung »roter Punkt« über die Bergkuppe zurück nach **Idstein (1)** leiten.

4.30 Std.

Von Wiesbaden zum Jagdschloss Platte 18

Zu den Ausflugszielen der Belle Époque

Ausgangs- und Endpunkt dieser waldreichen Wanderung ist Wiesbadens »schrägstes« Wahrzeichen, die Nerobergbahn, eine Drahtseil-Zahnstangenbahn aus der Kaiserzeit. Deren Antriebstechnik ist umweltfreundlich, da ausschließlich auf Wasserballast beruhend. Im Dreikaiserjahr 1888 in Betrieb genommen, verkehren auf der knapp 440 m langen Strecke noch immer die beiden originalgetreu erhaltenen Wagen zwischen der hessischen Landeshauptstadt und ihrem Hausberg. Letzterem nähert sich die Tour in weitem Bogen durch die Taunuswälder. Ankerpunkt ist dabei das Jagdschloss Platte.

Ausgangspunkt: Wiesbaden, Talstation der Nerobergbahn, 157 m. Erreichbar ab Frankfurt Hbf mit der Bahn (VIA/S1) bis Wiesbaden Hbf und Bus 1 bis Haltestelle »Nerotal«. Anfahrt mit PKW über A 66, Ausfahrt Wiesbaden-Mitte (Navi: 65193 Wiesbaden, Wilhelminenstr. 51).
Höhenunterschied: 410 m im Aufstieg, 330 m im Abstieg.
Anforderungen: Ein langgezogener Anstieg und ein ebensolcher Abstieg auf bequemen Waldwegen.
Markierung: Roter Balken, gelber Balken, roter Vogel, schwarzer Punkt, unmarkiert.
Einkehr: Waldhaus (»Villa im Tal«), Jagdschloss Platte, Neroberg (Bergstation).
Karte: Naturnavi Blatt 45-555 Wiesbaden und Umgebung 1:25.000.
Information: Wiesbaden Tourist-Information (Marktplatz 1, 65183 Wiesbaden, Tel. +49/611/1729930).
Tipps: 1) Auch wenn es der eingefleischte Frankfurter nicht wirklich hören mag, so ist Wiesbaden einen Besuch wert. Zahlreiche Bauwerke repräsentieren den schöngeistigen Charme der Belle Époque. Jugendstil-, klassizistische und neoklassizistische Bauten dominieren. Besondere Hervorhebung verdient neben dem Landeshaus und dem Hessischen Staatstheater das Kurhaus, dessen Kolonnade mit fast 130 m als längste Säulenhalle Europas gilt. Ein Rundgang durch die Innenstadt und das Rheingauviertel sind sehr zu empfehlen. 2) Empfehlenswert ist auch das Opelbad auf dem Neroberg, weswegen man ggf. Badesachen mitnehmen sollte.

Die Tour beginnt an der **Talstation** der **Nerobergbahn (1)**, wo die Markierung »roter Balken« den Wanderer im abseitigen Waldstück sogleich der urbanen Atmosphäre entzieht. Wir überqueren die Straße »Unter den Eichen«, dann entlässt uns Wiesbaden rechter Hand in sein schönes Umland. Im idyl-

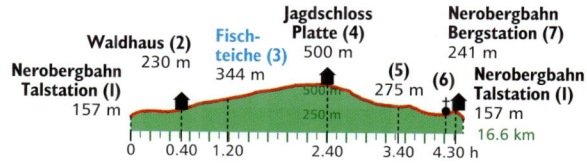

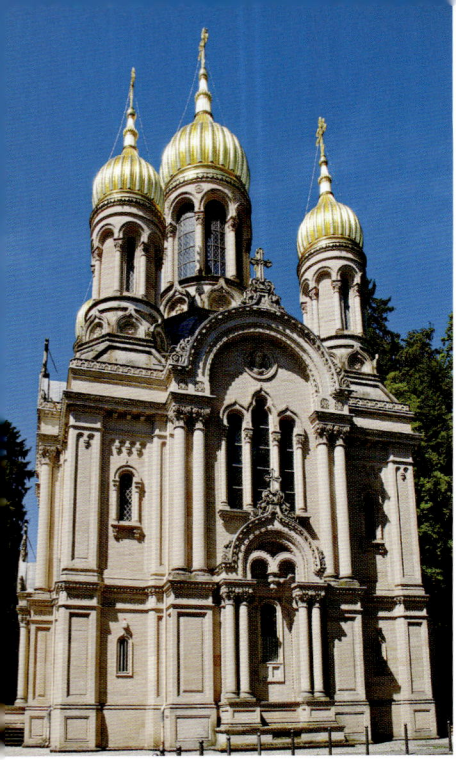
Russisch-orthodoxe Kirche auf dem Neroberg.

lischen Adamstal, das wir wenig später erreichen, lädt das stilvolle **Waldhaus (2)** – Restaurant »Villa im Tal« – zum Verweilen ein. Wieder im Wald beginnt nun der sachte, aber fortwährende Anstieg. Wir passieren einen Brunnen (kein Trinkwasser), die Ruine eines Eiskellers und **Fischteiche (3)**. Kurz danach übernimmt an der Weggabel die Markierung »gelber Balken« (rechts) die Wegführung und leitet uns über zwei Spitzkehren Richtung Jagdschloss Platte. Zwischen den Bäumen ergeben sich Blicke auf Wiesbaden und die von einem Sendeturm gekrönte Hohe Wurzel, die höchste Erhebung des Rheintaunus. Am **Jagdschloss Platte (4)** erwartet uns ein Gasthof mit einem lauschigen Biergarten. Hauptattraktion ist der klassizistische Bau, der 1826 für Herzog Wilhelm von Nassau errichtet wurde. Das quadratische Gebäude wurde im Zweiten Weltkrieg stark beschädigt und blieb als Ruine ungenutzt, bis es ab 1987 saniert wurde. Seit 2007 steht es für Veranstaltungen zur Verfügung. Unterhalb des Jagdschlosses führt uns die Markierung »roter Vogel« auf dem sogenannten Graf-Hülsen-Weg, bevor ab der folgenden Wegkreuzung »schwarzer Punkt« unseren Rückweg markiert. Besonderheiten auf diesem Teilstück sind die urwüchsigen Baumveteranen wie die **Bannholz-Eiche (5)**. Gute 4 km weiter führt uns rechts (unmarkiert) ein Asphaltsträßchen zur **russisch-orthodoxen Kirche (6)**. Das Gotteshaus wird häufig auch als »Griechische Kapelle« bezeichnet, was durch ihren Baustil begründet ist. Vor allem bei strahlendem Sonnenschein imponiert ihr goldglänzendes Dach. Der folgende kurze, kräftige Anstieg über das Opelbad zum **Nerobergplateau** mit der **Bergstation (7)** lohnt wegen der prächtigen Aussicht. Mit der nostalgischen **Nerobergbahn** fahren wir schließlich hinab zur **Talstation (1)**.

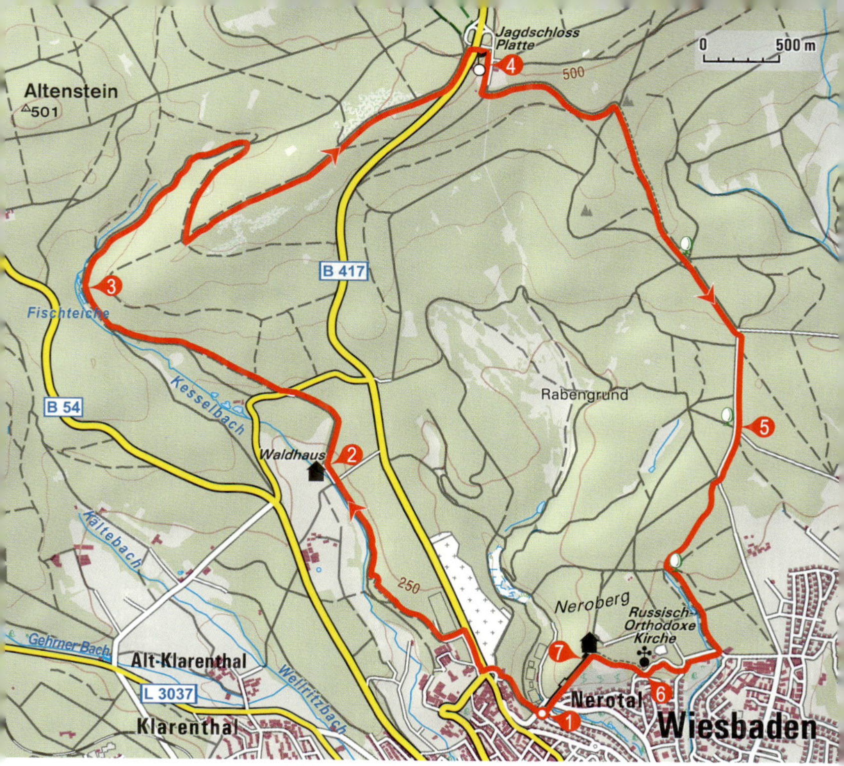

Jagdschloss Platte.

19 Von der Weil zum Pferdskopf

4.30 Std.

Im idyllischen Weiltal

Die waldreiche Wanderung mit einigen kürzeren und längeren Auf- und Abstiegen führt uns ins idyllische Weiltal sowie ins Seitental des Niedgesbaches. Höhepunkte der Wanderung sind das Felsplateau Hundert Stufen, der Bayrhoffer Brunnen, die Burgruine Altweilnau, der Aussichtsturm auf dem Pferdskopf und die Landsteiner Mühle.

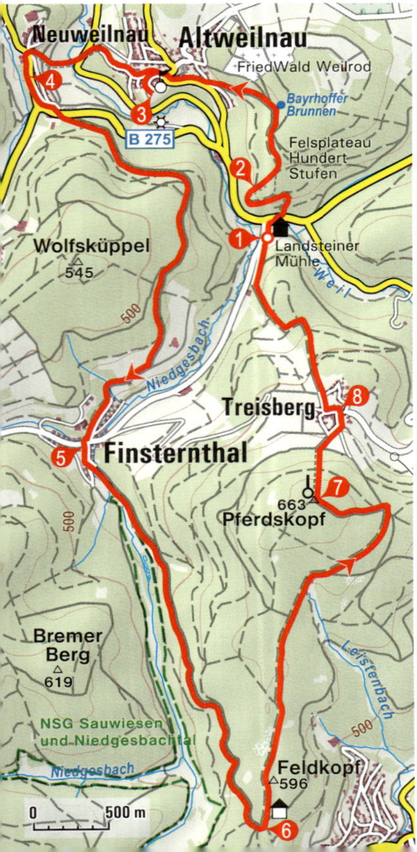

Ausgangspunkt: Weilrod, Landsteiner Mühle, 340 m. Erreichbar ab Frankfurt Hbf mit der Bahn (HLB) bis Bf Neu-Anspach und Eus 50 bis Haltestelle »Landstein«. (Navi: 61276 Weilrod, Landstein 1.)
Höhenunterschied: 510 m.
Anforderungen: Die An- und Abstiege erfordern etwas Kondition, zudem ist auf schmalen Pfaden bei feuchter Witterung Vorsicht geboten.
Markierung: Räuber, Wegweiser »Hundert Stufen« schwarzer Balken, schwarzer Punkt, Räuber.
Einkehr: Landsteiner Mühle, Finsternthal, Treisberg.
Karte: Naturnavi Blatt 47-557 Hochtaunus 1:25.000.
Information: Gemeindeverwaltung Weilrod (Am Senner 1, 61276 Weilrod, Tel. +49/6083/95090, www.weilrod.de).

Von der Haltebucht der Bushaltestelle an der Bundesstraße vis-à-vis der **Landsteiner Mühle (1)** nehmen wir einen unscheinbaren Pfad, der sich steil bergan windet. Der Weg ist sporadisch mit dem »Räuber« markiert. Am breiten Querweg halten wir uns kurzzeitig links, bevor wir auf einem Treppenweg das Felsplateau »**Hundert Stufen« (2)** erklimmen. Leider ist die einstmals prächtige Aussicht mittlerweile stark zugewachsen. In gerader Linie waldeinwärts gehend treffen wir am Friedwald auf die Markierung »schwarzer Balken«, die uns linker Hand hinab zum Bayrhoffer Brunnen führt.

Hier folgen wir links dem stark abfallenden Weg nach **Altweilnau (3)**. Der Ortsstraße folgend gelangen wir zur Burgruine, von dessen Bergfried ein schöner Rundumblick lockt. Die Burg wurde um 1200 von den Grafen von Diez erbaut, verfiel aber schon im Zuge des Dreißigjährigen Krieges und diente den Bewohnern als Steinbruch. Zurück

Blick auf Altweilnau.

durch das Burgtor folgen wir nun der Markierung »schwarzes X« in westlicher Richtung steil abfallend in den idyllischen Talgrund der Weil, um nach kurzem Gegenanstieg **Neuweilnau (4)** zu erreichen. Linker Hand übernimmt nun »schwarzer Punkt« die Wegführung. Von der Anhöhe genießen wir einen anmutigen Blick ins Weiltal und auf die Burg. Nach Querung der Bundesstraße tauchen wir wieder in den dichten Mischwald ein, der uns in 3 km über einen Bergflankenausläufer nach **Finsternthal (5)** bringt. Weiter »schwarzem Punkt« folgend verlassen wir das Dorf in gegenläufiger Fließrichtung des Niedgesbaches, um an der östlichen Flanke des gleichnamigen Tals rasch an Höhe zu gewinnen. An der **Passhöhe** bei der **Schutzhütte (6)** treffen wir auf die Markierung »Räuber«, die uns linker Hand zum Aussichtsturm auf dem **Pferdskopf (7)** führt. Von hier aus bietet sich ein fantastisches Panorama mit dem Feldbergmassiv, dem Weiltal und dem Usinger Becken.

Unterhalb des Pferdskopfs finden wir nach rasantem Steilabstieg auf einem schmalen und bei feuchter Witterung ggf. rutschigen Pfad in **Treisberg (8)** eine Einkehrmöglichkeit. Weiter der Räuber-Markierung folgend erreichen wir nach weiteren 1,6 km Abstieg wieder die **Landsteiner Mühle (1)**. Neben dem schönen Ausflugslokal mit gemütlichem Biergarten ist an der Stelle, wo der Niedgesbach in die Weil fließt, eine Kirchenruine aus dem 13. Jh. zu bewundern.

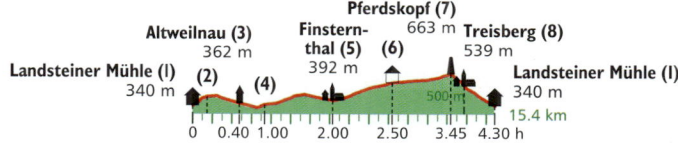

20 Von Braunfels nach Weilburg

5.30 Std.

Schlösser, Burgen und funkelnde Kristalle an der Lahn

Wie aus einem Bilderbuch stammend überragt das vieltürmige Schloss Braunfels die Kleinstadt im taunusseitigen Hinterland der Lahn. Das mächtige Schloss, dessen Größe und Anmut aus größerer Entfernung noch deutlicher werden, veränderte sein Erscheinungsbild im Laufe einer langen Geschichte stetig. So wurde die Schutzburg aus dem 13. Jh. nach dem Aufkommen von Feuerwaffen mit größerer Reichweite durch Ringmauern mit Verteidigungstürmen und Wallanlagen verstärkt. Nach Zerstörungen im Dreißigjährigen Krieg und einem Großfeuer 1679 erfolgte der Wiederaufbau unter Graf Heinrich Trajektin. Ende des 17. Jh. wurde der Sitz im Stile des Barocks ausgebaut. Das heutige mittelalterlich anmutende Erscheinungsbild entstand ab 1845, als die fürstliche Eignerschaft das Schloss mit vielen malerischen Türmen und Erkern ausstatten ließ. Während sich Braunfels also mittelalterlich gibt, steht unser Zielort Weilburg ganz im Zeichen des Barocks. Der Weg zwischen diesen geschichtsträchtigen Glanzpunkten bietet einen entspannten Wechsel von Mischwald, Feldern und Wiesen, gespickt mit einem Wildpark, einer Kristallhöhle und einer teilweise sanierten Spornburg.

Ausgangspunkt: Braunfels, Marktplatz am Burgtor, 253 m. Erreichbar ab Bf Solms oder Wetzlar mit Bus 185 bis Busbahnhof Braunfels; von dort der Borngasse in Richtung Schloss folgen. Anfahrt mit PKW über A 45 und A 480, Ausfahrt Wetzlar, dann B 49 (Navi: 35619 Braunfels, Am Kurpark).
Endpunkt: Weilburg, Schloss, 163 m. Rückfahrt nach Braunfels mit dem Bus; nach Frankfurt mit der Bahn über Gießen oder Limburg.
Höhenunterschied: 310 m im Aufstieg, 400 m im Abstieg.
Anforderungen: Längere Tour mit einigen Auf- und Abstiegen.
Markierung: LW (Lahnwanderweg), L (Lahnhöhenweg).
Einkehr: Braunfels, Tiergarten Weilburg, Kubacher Höhle, Weilburg.
Karte: Naturnavi Blatt 45-559 Weilburg-Lahntal 1:25.000.
Information: Tourist-Information Braunfels (Marktplatz 9, 35619 Braunfels, Tel. +49/6442/934411, www.braunfels.de).

Schloss Braunfels.

Die Tour beginnt am Marktplatz von **Braunfels (1)**, wo der Lahnwanderweg (stilisiertes »LW«) vor dem wehrhaften Schlosstor linker Hand abzweigt und uns im Park bergab führt. Im Tal umgehen wir den auf der anderen Straßenseite liegenden **Weiher (2)** linksseitig. Im Gegenhang hinter dem Weiher steigt der Weg nun empfindlich an, bevor er uns in mäßigem Auf und Ab auf Wald- und Feldwegen zum **Tiergarten Weilburg (3)** führt. Der Wildpark hat kulturhistorische Bedeutung, denn schon im 16. Jh. hielt Graf Albrecht von Nassau und Saarbrücken hier Damwild. Heute sind in den Gehegen sogar heimische Waldtiere vergangener Zeiten zu bestaunen, wie beispielsweise Braunbären. Gefahrlos folgen wir »LW« um Kubach herum zur Kreisstraße. Dort, wo »LW« geradeaus in die Felder führt, wenden wir uns nach links und erreichen an der nächsten Einmündung die **Kubacher Kristallhöhle (4)**. In der bis zu 30 m hohen, einzigen Calcitkristallhöhle Deutschlands funkeln unzählige Kristalle, eingebettet in 350 Millionen Jahre altem Kalkstein. Das Kubacher Höhlensystem entstand während einer Eiszeit und konnte bisher nur zu einem kleinen Teil freigelegt werden.

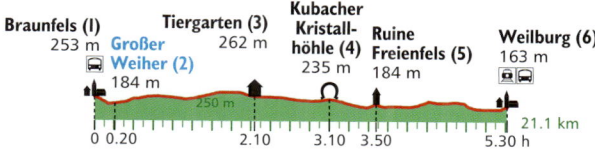

Orangerie, Schloss Weilburg.

Etwa 200 m hinter der Kristallhöhle schlagen wir rechter Hand den unmarkierten Feldweg ein, der später wieder auf die Landstraße trifft. Dieser folgen wir das kurze Stück zum Ort Freienfels, wo wir »Im Bangert« und über die Burgstraße den Felssporn mit der imposanten **Ruine Freienfels (5)** erklimmen. Der Bau diente um 1300 dazu, dem Expansionsstreben des Grafen Adolf von Nassau entgegenzutreten. Direkt an der Burg treffen wir auf die Wegzeichen des Lahnhöhenwegs (»L«), der uns im Bogen um den Burgberg rasant talwärts leitet. An der bewaldeten Hangflanke des Weiltals nähern wir uns von »L« gut geführt der Lahn, an deren Ufer es nach einem neuerlichen Steilabstieg gemächlich nach **Weilburg (6)** geht.
Die ehemalige Residenzstadt birgt im Untergrund eine Seltenheit, einen die malerische Lahnschleife abschneidenden Schiffstunnel. Weithin sichtbar dagegen ist die ausgedehnte **Schlossanlage** mit dem barocken Park.

5.00 Std.

Von Diez nach Laurenburg 21

Urwüchsige Landschaften an der Lahn

Im Angesicht des hoch aufragenden, weißgetünchten Grafenschlosses und der Fachwerkhäuser in den Gassen der Altstadt von Diez ahnt man nicht, welch urwüchsige Landschaft unser Weg bereithält. Eng wird das Tal der Lahn, und die steilen Talflanken entblößen ein ums andere Mal den blanken Fels. Im Schlund eines engen Seitentals entdecken wir Balduinstein mit seiner mächtigsten Feste und spähen wenig später vom Gabelstein fast 100 m senkrecht in die Tiefe.

Ausgangspunkt: Diez, Marktplatz, 108 m. Erreichbar ab Frankfurt Hbf mit Bahn über Limburg. Anfahrt mit PKW über A 3, Ausfahrt Limburg, dann B 54 und B 417 (Navi: 65582 Diez, Marktplatz).
Endpunkt: Laurenburg, Bahnhof, 102 m. Rückfahrt per Bahn nach Diez bzw. über Limburg nach Frankfurt.
Höhenunterschied: 530 m im Aufstieg, 540 m im Abstieg.

Anforderungen: Kräftige An- und Abstiege erfordern Kondition, die teilweise schmalen Pfade Trittsicherheit.
Markierung: LW (Lahnwanderweg).
Einkehr: Diez, Balduinstein, Laurenburg.
Karte: Naturnavi Blatt 43-558 Limburg a.d. Lahn und Umgebung 1:25.000.
Information: Tourist-Information Diez (Wilhelmstraße 63, 65582 Diez, Tel. +49/6432/9543211, urlaub-in-diez.de).

Blick vom Gabelstein.

Aus der Altstadt des schmucken Fachwerkstädtchens **Diez (1)**, das bereits 790 urkundlich erwähnt wurde, führt uns einer der Lahnwanderweg (stilisiertes »LW«) kurzzeitig am Kanal entlang, um linker Hand im bebauten Hang rasch an Höhe zu gewinnen. Auf dem Kammweg versperrt leider dichter Bewuchs den Blick auf das Grafenschloss. Hinter **Fachingen (2)**, dessen Name eng mit dem hier abgefüllten Mineralwasser verbunden ist, strebt unser Weg vom Lahnufer in Serpentinen steil empor. Auf halber Höhe lädt eine Schutzhütte zum Verschnaufen ein.

Über die bewaldete Hangkante und vorbei an ausgedehnten Feldern erreichen wir die Siedlung Hausen, wo der Steilabstieg nach **Balduinstein (3)** einsetzt. Faszinierende Lahnblicke und schroffe Felsen bestimmen das Bild, bis man sich der landschaftlich dramatischen Lage Balduinsteins vollends bewusst ist, welche durch die beschaulich dahinfließende Lahn kontrastiert wird. Der Name des im engen Kerbtal eingezwängten Ortes geht auf den Trierer Erzbischof zurück, der 1319 den Bau einer Burg anordnete. Kaiser Ludwig von Bayern verlieh Balduinstein 1321 das Stadtrecht und 1335 wurde es gar zum Amt erhoben. Die Burg verfiel nach mehreren Ausbauphasen im 14. und 15. Jh. ab Mitte des 17. Jh. Ihrer Mächtigkeit wird man besonders gewahr, wenn man nach einer möglichen Einkehr den kräftigen Gegenanstieg in Angriff nimmt. Auf der Höhe schneidet unser Weg eine Lahnschleife ab und wir erreichen am **Gabelstein (4)** einen fulminanten Ausblick. Durch

Blick auf Balduinstein.

den lichten Kammwald und offenes Gelände tangieren wir **Steinsberg (5)**, bevor sich ein schmaler Pfad zu den bizarren Felsflanken der **Steinsberger Lay (6)** lahnwärts windet. Noch einmal schwingt sich der stets gut markierte Lahnwanderweg zur Hangkante aufwärts, folgt dem Kammwald, durchmisst einen flacheren Taleinschnitt und führt uns in einer lang ausholenden Kehre hinab nach **Laurenburg (7)** mit dem auf einer spitzen Bergnase thronenden markanten Burgturm. Der **Bahnhof** befindet sich direkt an der Lahnbrücke.

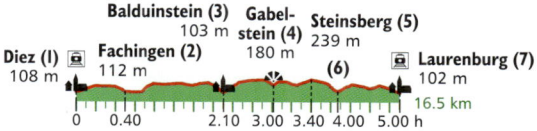

Rheingau

Das Weinanbaugebiet Rheingau am südlichen Rand des Taunus ist zweigeteilt. Während sich die berühmtere Flanke westlich von Wiesbaden um das Rheinknie am Binger Loch bis Lorchhausen hinzieht, wird der Bereich zwischen Mainz-Kastel und Flörsheim-Wicker gerne übersehen, vielleicht auch deshalb, weil er dem namensgebenden Fluss untreu werdend am Main liegt. Doch beginnen wir mit den ausgedehnten Rebflächen, bekannten Weinorten und zahlreichen Sehenswürdigkeiten längs des Rheins.
Sanft gewellt ziehen sich die Weinberge vom Fluss empor zu den dicht bewaldeten Hangkuppen des Rheintaunus. Zwischen dem Strom und den Weinbergen haben sich die Winzerorte gürtelartig ausgebreitet und auch der rege Verkehr konzentriert sich entlang dieser Besiedlungsachse. Dort wo keine alten Handelswege in den Taunus führten, haben sich nur wenige Siedlungen abseits des Flusses ausgebildet. Falls doch, so waren sie zumeist klösterlichen oder adeligen Ursprungs. Heute stellen die Enklaven inmitten der Weinberge touristische Anziehungspunkte dar, die mit ihrer Lage, ihrer Geschichte, ihren Bauwerken und guter Gastlichkeit imponieren.
Im Zentrum dieser zwar einfach gegliederten, aber doch so facettenreichen Gegend steht selbstverständlich der Wein. Seit Jahrhunderten ist der Rheingau in aller Welt für seinen Riesling berühmt, der vorherrschenden Rebsorte. Müller-Thurgau und andere Rebsorten sind weiterhin unterrepräsentiert. Rotwein ist selten, wenngleich sich Assmannshausen auf den Anbau des Spätburgunders spezialisiert hat. Schon seit Jahrzehnten setzen die Winzer an

Aussichtstempel am Niederwalddenkmal.

Weinberge im Rheingau.

alte Traditionen anknüpfend wieder auf Qualität, wobei ihre Experimentierfreude neue Kreationen fördert. Grundlage erfolgreichen Weinbaus sind aber trocken-warme Sommer, milde Winter und gute Böden. Seine klimatisch günstige Lage verdankt der Rheingau vor allem der Phalanx der Taunusberge, welche die Rebhänge vor Nordwestwinden schützen, sowie einer optimalen Sonneneinstrahlung. Das Sonnenlicht wird hier vom bis zu 800 m breiten Rhein reflektiert. Interessant ist, dass sich trotz des einheitlichen Bildes, welches die Landschaft zwischen Walluf und Rüdesheim bietet, unterschiedliche Konstellationen für den Weinbau ergeben. Neben der Höhe, die von Flussniveau bis auf knapp 300 m über dem Meeresspiegel reicht, und der Neigung der Lage ist dabei vor allem der Boden von Bedeutung. Im Rheingau findet man verschiedene Böden vor: In höheren Lagen bestehen sie aus Quarzit und verwittertem Schiefer, weiter unten auch aus Mergel, während in tieferen Lagen Lehm, Löss und Kiessand vorherrschen. Im Bereich Assmannshausen und Lorch findet sich auch blauer Phyllitschiefer.

Die ersten Weinstöcke wurden im 3. Jh. auf Befehl des Kaisers Probus von römischen Soldaten gesetzt. Aber man könnte fast meinen, sie hätten sie bei ihrem Abzug wieder mitgenommen, denn danach war es erst Karl der Große, der den Weinbau im Rheingau wiederbelebte. Klostereigene Güter legten in der Folgezeit systematisch Rebflächen an und begründeten damit die lange Weinbautradition. Noch heute kann man große Klosteranlagen wie Eberbach, Marienthal und St. Hildegard besichtigen. Auch Schlösser entstanden inmitten der Weinberge, z. B. Vollrads und Johannisberg (Tour 25). Auf unseren Wanderungen geht es zudem in die Sekt- und Rosenstadt Eltville (Tour 24), nach Oestrich-Winkel mit dem historischen Weinverladekran und dem Brentanohaus oder ins schmucke Geisenheim mit seinen Adelshöfen. Nicht fehlen dürfen selbstverständlich auch Rüdesheim oder Assmannshausen (Tour 26). Dazwischen liegt die Burgruine Ehrenfels und das von Rheinschiffern früherer Tage gefürchtete Binger Loch mit seinen tückischen Stromschnellen. Noch im Spätmittelalter musste der gesamte Warenverkehr flussabwärts bei Lorch umgeschlagen und auf dem Landweg bis Rüdesheim transportiert werden, Routen, die heute der Rheinsteig, der Rheinhöhenweg oder der Rheingauer Rieslingpfad nutzen.

Der Rheingau beschert dem Wanderer mit seinen prämierten Wanderwegen, einer Vielzahl hervorragender Übernachts- und Einkehrmöglichkeiten sowie einem gut ausgebauten öffentlichen Nahverkehr vollkommenes Wanderglück.

22 Von Hochheim zur Flörsheimer Warte

3.45 Std.

Wo Queen Victoria ihre Liebe zum »Hock« fand

Obwohl der Rhein noch einige Kilometer entfernt ist, zählen die Weinberge zwischen Flörsheim und Hochheim zum Weinanbaugebiet Rheingau. Der Weinkenner schätzt die edlen Tropfen so bekannter Lagen wie Hölle, Hofmeister oder Kirchenstück, den Wanderer zieht in erster Linie die sanftwellige, liebliche Landschaft der Flörsheimer Schweiz in den Bann. Für kulturhistorisch Interessierte gibt es auf dieser Tour längs des Weges viel zu entdecken, wobei eine Besichtigung der Altstadt von Hochheim sicher den Höhepunkt bildet. Bei so vielen Highlights kann auch der Fluglärm des nahen Rhein-Main-Flughafens die Wanderfreuden nicht verderben.

Ausgangspunkt: Hochheim am Main, S-Bahnhof (Parkplätze vorhanden), 89 m. Erreichbar ab Frankfurt Hbf mit S1. Anfahrt mit PKW über A 671, Ausfahrt Hochheim Süd (Navi: 65239 Hochheim am Main, Sandstr. 19).
Höhenunterschied: 90 m.
Anforderungen: Wanderung mit geringen Anstiegen, meist auf asphaltierten Weinbergwegen, empfehlenswert für Familien mit Kindern, im Hochsommer Kopfbedeckung mitnehmen (wenig Schatten).
Markierung: Blaues M (Mainwanderweg), ohne Markierung von Flörsheim zur Flörsheimer Warte, Bonifatiusroute.
Einkehr: Flörsheimer Warte (April bis Sept. täglich, Okt. bis März nur Fr und Sa geöffnet, Wiesenmühle (Mo und Di Ruhetag).
Karte: RTK Rad- und Wanderkarte 606 Unteres Maintal (Wiesbaden – Frankfurt) 1:40.000.
Information: Stadt Hochheim am Main (Burgeffstraße 30 / Le-Pontet-Platz, 65239 Hochheim am Main, Tel. +49/6146/9000, www.hochheim-tourismus.de).

Vom **S-Bahnhof Hochheim (1)** gelangen wir durch die Unterführung auf die südliche Seite der Gleisanlage und halten uns in Richtung des nahen Mains, wo wir auf den Mainwanderweg stoßen. Die Markierung »blaues M« weist uns nach links (flussaufwärts) und wird uns bis nach Flörsheim leiten. Nach Überquerung der Bahnlinie geht es durch die Hochheimer Weinlagen, wo uns rechts des Weges das **Königin-Victoria-Denkmal (2)** auffällt, das an den Besuch der englischen Königin Victoria im Jahre 1845 erinnert. Seit damals ist in England der Hochheimer Riesling als sogenannter »Hock« ein äußerst geschätzter Tropfen. Den Ort Kerammag/Falkenberg passieren wir

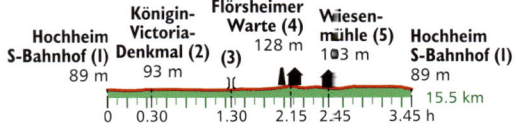

dank des »blauen M« mühelos und am Ortsbeginn von Flörsheim weist es uns in einer weiten Kurve am Neubau eines riesigen Logistikzentrums vorbei in Richtung Bahndamm. Hier gehen wir rechts durch die Unterführung und durchqueren das Industriegebiet auf der Hafenstraße, dann wandern wir auf einem kombinierten Fuß- und Radweg am Main entlang. Nach Unterquerung der großen **Mainbrücke (3)** verlassen wir den Mainwanderweg und halten uns auf dem Radweg in Richtung Raunheim/Rüsselsheim ohne Markierung nach links, hoch zur Straße auf der Brücke. Hier folgen wir dem Wegweiser des Radweges in Richtung Wicker/Weilbach aus dem Ort hinaus auf die Feldflur. Unser nächstes Etappenziel, die Flörsheimer Warte, haben wir nun stets vor Augen, aber wir müssen bei der ersten Weggabel am Ortsrand von Flörsheim den linken Weg nehmen und ihm hangaufwärts folgen. Kurz vor unserem Ziel halten wir uns auf

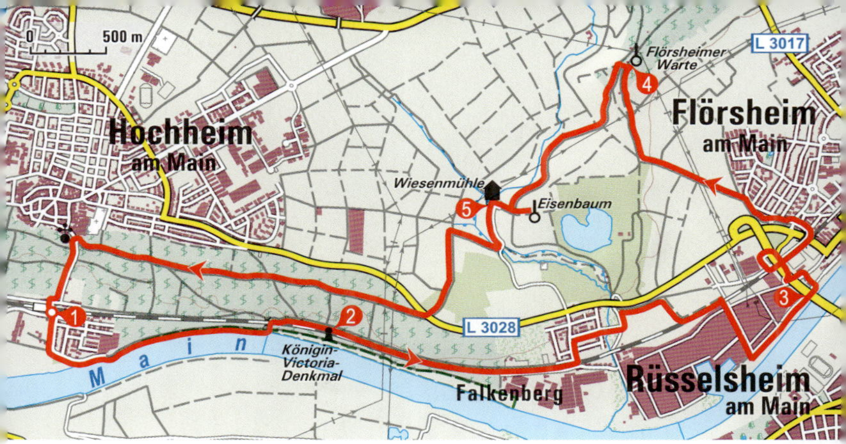

Von Weinbergen umgeben: die Flörsheimer Warte.

St. Peter und Paul in Hochheim.

einem schmalen Pfad aufwärts durch Streuobstwiesen und vorbei an der Kriegsopfer-Kapelle. Die **Flörsheimer Warte (4)** ist eine Rekonstruktion eines historischen Turmes aus dem 15. Jh. und war damals einer von vier Wachtürmen entlang der Kasteller Landwehr zum Schutz des Kurmainzer Territoriums. Heute lässt es sich hier vor allem gut einkehren. Ab hier weist uns die Bonifatiusroute den Weg und wir passieren das NSG Wickeraue und genießen den schönen Wegabschnitt unserer Tour durch die sanft hügelige Flörsheimer Schweiz. Auf keinen Fall sollte man den Abstecher zum **Eisenbaum** verpassen, einem originellen Aussichtsturm mit Fernsicht bis in den Odenwald. Dann gehen wir zur Anna-Kapelle und von dort treppab zur **Wiesenmühle (5)**, die sich romantisch ins Tal des Wickerbaches einschmiegt. Mit der Bonifatius-Markierung überqueren wir die L 3028 und genießen den Blick über die Weinberge auf das Maintal bis Mainz. Schließlich folgen wir einfach dem Asphaltweg durch die Weinberge zurück nach Hochheim, dessen malerische Kirche St. Peter und Paul uns dabei als weithin sichtbarer Orientierungspunkt dient. Vor dieser geht es links hinab (Bahnhofstraße) zurück zum **S-Bahnhof Hochheim (1)**.

5.00 Std.

Im Rheingauer Gebück   23

Auf den Spuren einer ungewöhnlichen Grenzanlage

Ganze 600 Jahre lang bis zum Ende des 18. Jh. schirmte eine ungewöhnliche, weil aus niederen Bäumen und Sträuchern errichtete Grenze den Rheingau im Norden vor unkontrolliertem Eindringen ab. Heute sind von der an einigen Stellen bis zu 100 m breiten »Hecke« nur noch einzelne Bäume erhalten. Vom Winzerdorf Hallgarten führt unser Weg durch lichten Mischwald über den Aussichtspunkt Hallgarter Zange zur Ruine eines Grenztores, der Mapper Schanze.

Ausgangspunkt: Hallgarten, Kirche, 200 m. Erreichbar ab Frankfurt Hbf mit Bahn (VIA) bis Hattenheim und Bus 181 bis Haltestelle »Hallgarten Kindergarten«. Anfahrt mit PKW über A 66 und B 42 bis Hattenheim (Navi: 65375 Oestrich-Winkel, Zangerstraße).
Höhenunterschied: 460 m.
Anforderungen: Der steile Anstieg zu Beginn verlangt etwas Kondition, bevor bequeme Wald- und Weinwege übernehmen.

Markierung: Roter Balken, XT, Wildschwein, roter Balken, Gebück, rotes Dreieck, gelber Kelch (Rheingauer Rieslingpfad), Flötenweg.
Einkehr: Hallgarten, Hallgarter Zange.
Karte: Naturnavi Blatt 43-555 Rheingau 1:25.000.
Information: Tourist-Information Oestrich-Winkel (Hauptstraße 87, 65375 Oestrich-Winkel, Tel. +49/6723/6012806, www.oestrich-winkel.de).

Bei **Hallgartens (1)** bekanntester Persönlichkeit startet unsere Wanderung: Die Schrötermadonna (auch – weil einen Weinkrug haltend – »Madonna mit der Scherbe« genannt) stammt von 1415 und bezeugt die wundersame Instandsetzung eines zu Bruch gegangenen Weinfasses. Sie erwartet uns in der gotischen **Pfarrkirche Mariae Himmelfahrt**, vor der uns die Markierung »roter Balken« den Weg weist. Zangerstraße und Riesengasse folgend geht es in nördlicher Richtung ortsauswärts in den Weinbergen bergan. Der stetige Aufstieg setzt sich am Waldrand und kurz danach im Wald bis hinauf zur **Hallgarter Zange (2)**, dem 580 m hohen Südostausläufer der Kalten Herberge, fort. Das beliebte Ausflugsziel mit Aussichtsturm wurde nach umfangreichen Renovierungsarbeiten als Kletterpark neu eröffnet.

Das Areal umrundend bringt uns die Zufahrtsstraße vorbei am Fliegerdenkmal zum Waldparkplatz Kreistanne. Von hier aus zweigt rechter Hand »XT«

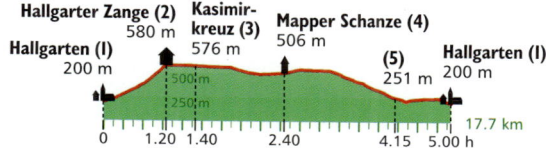

Mapper Schanze.

ab. Am **Kasimirkreuz (3)** folgen wir der Wildschwein-Markierung geradeaus, um nach etwa 1,8 km mit »rotem Balken« links talwärts zu streben. In der Senke treffen wir auf den Gebück-Weg, dem wir linker Hand zur **Mapper Schanze (4)** folgen. Die Torruine erinnert an die Zeit, in der eine 50–60 m breite von Menschen errichtete Barriere aus verschlungenen Eichen, Hainbuchen, Brombeer- und Schwarzdornsträuchern den Rheingau auf einer Länge von 40 km gegen Eindringlinge absicherte Einzelne verwachsene ehemalige »Grenzposten« können entlang des Weges noch aufgespürt werden. Wir folgen dem Gebück-Weg nun, bis sich links »rotes Dreieck« absondert und uns bald schon rasant talwärts führt. Nach 3,5 km entlässt uns der Wald in die **Weinberge (5)**, wo sich gleich herrliche Weitblicke bieten. An der Wegkreuzung kreuzt die Markierung »gelber Kelch«, die uns linker Hand leicht bergan führt und auf den Flötenweg trifft, der uns zurück nach **Hallgarten (1)** leitet.

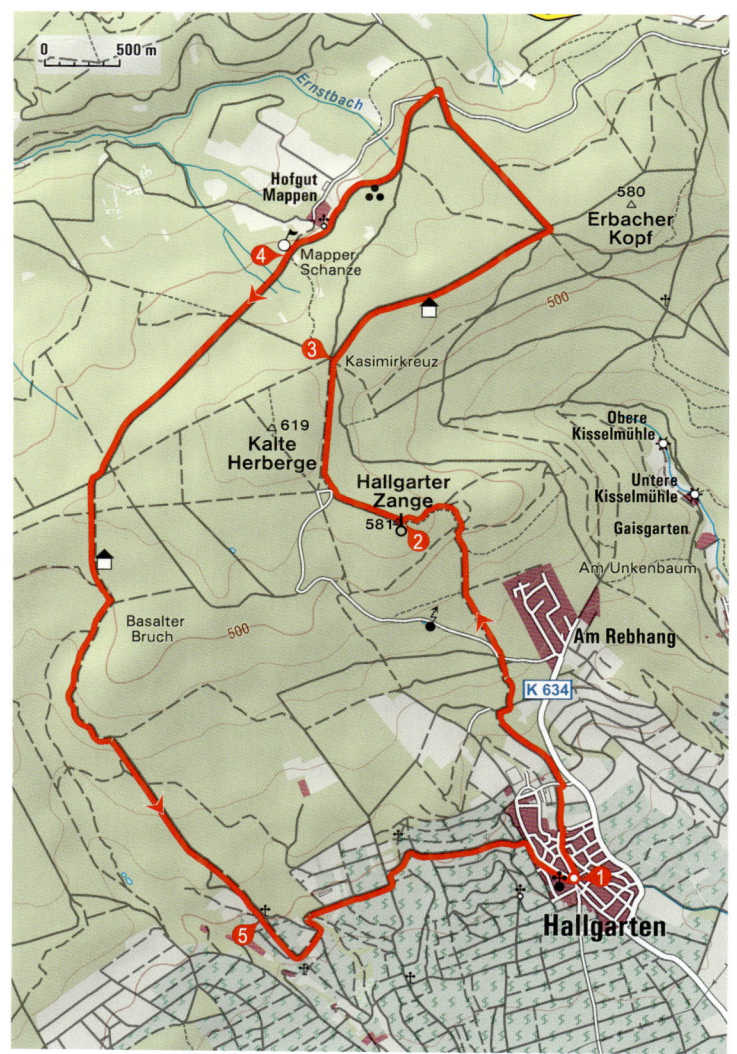

24 Von Eltville zum Kloster Eberbach

4.30 Std.

Zur Wiege des Weinbaus

Die landschaftlich und geschichtlich herausragende Erlebniswanderung führt uns von der einstmaligen kurfürstlichen wie erzbischöflichen Residenz Eltville durch eine Spitzenlage des Rheingauweinbaus zur Burgruine Scharfenstein, zum Gotikstädtchen Kiedrich und zum weithin bekannten Kloster Eberbach, einem geradezu mystischen Ort. Nach Wald und viel Weinberg verläuft das letzte Stück der Tour direkt am Rhein entlang.

Ausgangspunkt: Eltville, Ortszentrum, 91 m. Erreichbar ab Frankfurt Hbf mit der Bahn (VIA). Anfahrt mit PKW über A 66 und B 42 (Navi: 65343 Eltville am Rhein, Schwalbacher Straße).
Höhenunterschied: 320 m.
Anforderungen: Zwei kräftige Anstiege erfordern etwas Kondition. In den Weinbergen empfiehlt sich an sonnigen Tagen eine Kopfbedeckung.
Markierung: Schwarze Raute / Rheinsteig-Zuweg (gelb), Rheinsteig (blau), roter Punkt.
Einkehr: Eltville, Kiedrich, Kloster Eberbach, Erbach.

Karte: Naturnavi Blatt 43-555 Rheingau 1:25.000.
Information: Tourist-Information Eltville im Besucherzentrum Kurfürstliche Burg (Burgstraße 1, 65343 Eltville, Tel. +49/6123/90980, www.eltville.de).
Tipps: Eltville ist die Stadt mit der schönsten Flusspromenade im Rheingau, da diese nicht von Gleisen oder Straßen zerschnitten wird. Neben den schönen alten Villen, der gotischen Pfarrkirche St. Peter und Paul und dem Rosengarten beeindruckt v. a. die Kurfürstliche Burg (14. Jh.), in der einst die Mainzer Erzbischöfe und Kurfürsten residierten.

Malerisches Eltville.

Aus den engen Gassen der Altstadt von **Eltville (1)** führt uns die Markierung »schwarze Raute« oder auch der Rheinsteig-Zuweg (gelbe Markierung) auf die Höhe der Spitzenweinlage Taubenberg – an der Waldnase nochmals kräftig ansteigend. Mit dem Rheinsteig (blaue Markierung) geht es nun durch den Wald zur **Burgruine Scharfenstein (2)**. Der 1160 erbaute Stammsitz des reich begüterten Scharfensteiner Adelsgeschlechtes verfällt bereits seit dem 16. Jh. Wer den sanierten Bergfried besteigen möchte, muss sich zuvor bei der Gemeinde Kiedrich mit Schlüssel, Helm und Taschenlampe ausstaffieren lassen.

Das Schatzkästlein der Gotik, wie sich **Kiedrich (3)** zurecht selbst bezeichnet, erreichen wir nach kurzem Steilabstieg. Herausragend ist das sakrale Bauensemble mit der um 1300 erbauten Valentinuskirche. Das Inventar aus der Zeit um 1500 ist fast vollständig erhalten, inklusive der ältesten noch spielbaren Orgel Deutschlands, der Kiedricher Madonna und dem handge-

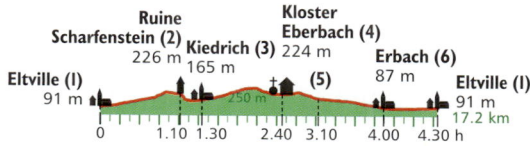

Kloster Eberbach.

schnitzten Chorgestühl. Dem Rheinsteig folgend erreichen wir nach etwa einer Stunde das **Kloster Eberbach (4)** – Einkehrmöglichkeit. Wenn die Zeit für eine (in jedem Fall lohnenswerte) Besichtigung der romanischen Basilika, des Kreuzganges, der Mönchsklausen und des Weinkellers nicht ausreicht, lädt zumindest der Garten zum Verweilen ein. 1136 vom heiligen Bernhard von Clairvaux gegründet, blickt das Kloster, in dem schon lange keine Mönche mehr leben, auf eine wechselvolle Geschichte zurück, in deren Mittelpunkt seit neun Jahrhunderten der Weinbau steht.

Am westlichen Klostertor biegt der Rheinsteig in den Wald ein, um nach wenigen Metern auf die Markierung »roter Punkt« zu treffen, die uns linker Hand rasant talwärts führt. Die **Domäne Neuhof (5)** passierend erreichen wir **Erbach (6)**. Der alte Treidelpfad am Rheinufer bringt uns schließlich zurück nach **Eltville (1)**.

Kurfürstliche Burg Eltville.

4.00 Std.

Rheingauer Schlössertour 25

Von Oestrich-Winkel nach Geisenheim

Die aussichtsreiche Genießertour führt durch die vielfach prämierten Spitzenlagen des Rheingaus und zu mehreren steinernen, weithin sichtbaren Orientierungsmarken, die im Rebenmeer den Ruhm des hier erzeugten Weines eindrucksvoll untermauern. Die Schlösser Vollrads und Johannisberg sowie die Johannes dem Täufer geweihte romanische Basilika und das Kloster Marienthal bezeugen die historischen Ansprüche weltlicher und geistlicher Herrscher auf das klimatisch begünstigte Terroir.

Ausgangspunkt: Oestrich-Winkel, Ortsteil Oestrich, historischer Kran (Rheinufer), 81 m. Erreichbar von Frankfurt Hbf mit der Bahn (VIA). Anfahrt mit PKW über A 66 und B 42 (Navi: 65375 Oestrich-Winkel, Gartenstraße).
Endpunkt: Geisenheim, Bahnhof, 94 m. Rückfahrt nach Oestrich mit Bus oder Bahn (VIA) bzw. nach Frankfurt per Bahn (VIA).
Höhenunterschied: 250 m im Aufstieg, 240 m im Abstieg.
Anforderungen: Bequeme Wege, geringe Steigungen, bei Sonnenschein unbedingt eine Kopfbedeckung mitnehmen.
Markierung: Schwarzer Punkt, blau-weißes R (Rheinsteig), gelber Kelch (Rheingauer Rieslingpfad), unmarkierter Weg.
Einkehr: Oestrich, Schloss Vollrads, Schloss Johannisberg, Kloster Marienthal (Waldhotel Rheingau), Hof Rheinblick, Geisenheim.
Karte: Naturnavi Blatt 43-555 Rheingau 1:25.000.
Information: Tourist-Information Oestrich-Winkel (Hauptstraße 6, 65375 Oestrich-Winkel, Tel. +49/6723/6012806, www.oestrich-winkel.de).

Romanische Kirche bei Schloss Johannisberg.

Ausgangspunkt unserer Tour ist der 1745 erbaute Weinverladekran direkt am Rheinufer des Ortsteils **Oestrich (1)**. Nachdem wir den Ortskern passiert und die Gleise unterquert haben, führt uns die Markierung »schwarzer Punkt« auf der Langenhoffstraße in die Weinberge. Nach 1,3 km (ab Ortsrand) treffen wir auf den Rheinsteig (»blau-weißes R«), der uns linker Hand zum **Schloss Vollrads (2)** leitet. Im 14. Jh. auf römischen Fundamenten errichtet und im 17. Jh. stilvoll erweitert, gilt Schloss Vollrads als eines der ältesten Weingüter der Welt. Noch bevor die Anlage entstand, ist der Weinhandel dokumentiert, nämlich bis ins Jahr 1211. Nur noch wenige hundert Meter begleitet uns der Rheinsteig, dann wechseln wir auf den Rheingauer Ries-

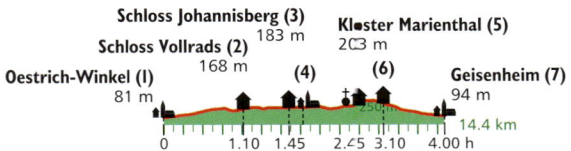

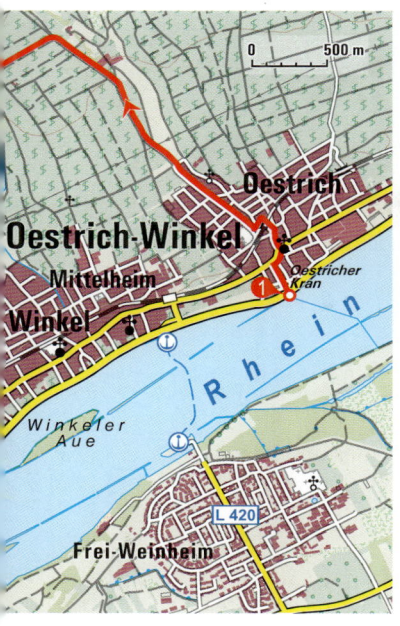

Schloss Vollrads.

lingpfad (»gelber Kelch«), der uns zum nächsten Highlight bringt. Nach kurzem Anstieg erreichen wir die romanische Basilika, einst Mittelpunkt der als Benediktinerkloster gegründeten Johannisberger Abtei. Unter geistlicher Herrschaft des Fürstbischofs von Fulda entstand ab 1716 das großzügige dreiflügelige **Schloss Johannisberg (3)**. Die Kelleranlagen beheimaten bis heute die »Bibliotheca subterranea«, die berühmte Schatzkammer des Schlosses mit kostbaren Wein-Raritäten. Den Ort **Johannisberg (4)** durchschreitend führt uns der Rieslingpfad nun zum **Kloster Marienthal (5)** hinauf, das von Mischwäldern wunderschön eingerahmt in einem Taleinschnitt liegt. Zentrum der Anlage ist die gotische Wallfahrtskirche von 1858, welche die alte, aus dem 14. Jh. stammende und 1782 zerstörte Kirche ersetzt hat. Das Kloster wurde über viele Jahrhunderte hinweg von unterschiedlichen Bruderschaften bewohnt. Mit kurzer Unterbrechung kümmern sich seit 1873 Franziskanermönche um die Marienwallfahrt. Der Rieslingpfad führt uns nun durch ein kleines Waldstück und durch den Ort Marienthal. Wo er hinter einem größeren Feld geradeaus in den Wald eintaucht, verlassen wir ihn nach links talwärts und passieren den **Hof Rheinblick (6)** – Einkehrmöglichkeit. Am Rheinufer erkennen wir bereits Geisenheim, den Endpunkt der Wanderung, den wir auf unmarkierten Wegen abwärts kreuzend erreichen. Sehenswert in **Geisenheim (7)** sind v. a. die schlossartig ausgebauten Adelshöfe und die spätgotische Heiligkreuzkirche.

TOP 26 *Rund um Rüdesheim*

4.30 Std.

Zu Besuch bei Hildegard und Germania

Stilvolle Weinberg- und lauschige Waldwege verbinden herausragende Sehenswürdigkeiten in direkter Nähe zum trubeligen Rüdesheim. Während die Abtei St. Hildegard, kolossal und ehrwürdig zugleich, das Andenken ihrer Namenspatronin pflegt, überblickt die walkürische »Germania« von ihrem Sockel zumeist eine Vielzahl von Seilbahntourister. Beschaulicher wird es am Jagdschloss und im verwinkelten Assmannshausen, während die Ruine Ehrenfels den Geist der Rheinromantik belebt.

Ausgangspunkt: Rüdesheim am Rhein, Bahnhof, 84 m. Erreichbar ab Frankfurt Hbf mit der Bahn (VIA). (Navi: 65385 Rüdesheim am Rhein, Burgstraße.)
Höhenunterschied: 440 m.
Anforderungen: Meist bequeme Wanderwege, ab Jagdschloss steil abfallend.
Markierung: Gelber Balken, blau-weißes R (Rheinsteig), gelber Kelch (Rheingauer Rieslingpfad).
Einkehr: Rüdesheim, Niederwalddenkmal, Jagdschloss, Assmannshausen.
Karte: Naturnavi Blatt 43-555 Rheingau 1:25.000.
Information: Tourist-Information Rüdesheim (Rüdesheim Tourist AG, Rheinstraße 29a, 65385 Rüdesheim, Tel. +49/06722/906150, www.ruedesheim.de).

Schräg gegenüber dem **Bahnhof Rüdesheim (1)** zweigen wir in die Oberstraße Richtung Weinberge ab und beschreiben, den Brömserhof und die schmalen Gassen passierend, einen weiten Bogen um die Altstadt. Nach etwa 800 m ändert sich beim Überqueren der Grabenstraße das Ortsbild. Der Markierung »gelber Balken« folgend verlassen wir über Eibinger, Marienthaler und Angerstraße Rüdesheim und erblicken oberhalb der ausgedehnten Weinberge die **Abtei St. Hildegard (2)**, zu der uns auf halber Höhe links abknickend der Rheinsteig (»blau-weißes R«) leitet. Das Benediktinerinnenkloster, welches irrtümlicherweise leicht für ein romanisches Bauwerk gehalten werden könnte, wurde erst zu Beginn des 20. Jh. erbaut. Es steht in unmittelbarer Tradition des alten Klosters Eibingen, das als Gründung der hl. Hildegard gilt. Trotz des regen Besucheransturms gestattet ein Aufenthalt in der Kirche einen Augenblick der Besinnung. Oberhalb der Weinlagen Klosterberg und Klosterlay führt uns der Rheinsteig westwärts, während die Blicke über Rüdesheim bis zur Rochuskapelle auf der anderen Flussseite

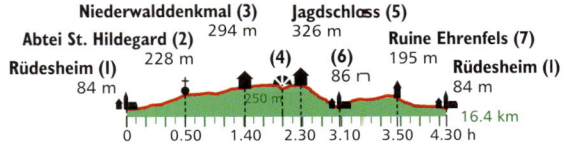

schweifen. Erst wo die Gondeln der Seilbahn zum Greifen nah erscheinen, steigt der Weg merklich an und kurz nachdem wir den Aussichtsstempel passiert haben, steht sie da, hoch oben auf ihrem Treppensockel, reich verziert und martialisch gewappnet: die **Germania** des **Niederwalddenkmals (3)**. Zur Überwindung des Ehrfurcht einflößenden Gigantismus kommt der anschließende Spaziergang durch den lichten Niederwald wie gerufen. Mäßige Höhendifferenzen ausgleichend reiht der Weg zwei herausragende Aussichtspunkte auf, von denen sich insbesondere der **»Rittersaal« (4)** des kurzen Abstechers als würdig erweist, gewährt er doch einen weiten Blick Richtung Mittelrheintal. Der optimale Ort für ihre Einkehr mit Ambiente ist am **Jagdschloss (5)** erreicht, bevor wir (weiterhin vom Rheinsteig geführt) teilweise steil nach **Assmannshausen (6)** absteigen. Der traditionelle Rotweinort weiß mit schattigen Gassen, stilvollem Fachwerk und guten Weinlokalen zu imponieren. Neben der Heilig-Kreuz-Kirche übernimmt die Markierung »gelber Kelch« des Rheingauer Rieslingpfades unsere Wegführung und leitet uns südöstlich durch Weinberge steil aufwärts, bevor niederer Hangwald die Szenerie bestimmt. Schroffes Gestein sowie Ausblicke auf Bingen und den Mäuseturm dominieren, dann kommt an der **Ruine Ehrenfels (7)** echte Rheinromantik auf. Die Anfang des 13. Jh. erbaute Burg war lange Zeit eine wichtige Zollstation, bevor sie 1689 im Zuge des Pfälzischen Erbfolgekrieges zerstört wurde.

Entlang des Rheins wandern wir schließlich wieder nach **Rüdesheim (1)**.

Abtei St. Hildegard.

Rheinhessen, Rheinauen und die Mainspitze

Rheinhessen gehört heute zwar nicht mehr zu Hessen (sondern zu Rheinland-Pfalz), liegt aber doch so nah bei Frankfurt, dass das mit über 25.000 ha größte deutsche Weinbaugebiet in diesem Wanderführer unbedingt vertreten sein muss. Das »Land der 1000 Hügel« erstreckt sich südwestlich des Rheinbogens zwischen Bingen und Worms. Es grenzt an zwei weitere Weinbaugebiete, im Westen an das Nahetal und im Süden an die Pfalz. Der Weinanbau wird von vier Sorten dominiert, nämlich Müller-Thurgau, Silvaner, Dornfelder und Riesling. Sanft gewellte Rebfelder beherrschen aller Orten das Bild. Eine Besonderheit bilden die dem Rhein zugewandten steil abfallenden Hänge zwischen Bodenheim und Guntersblum. An den Rheinterrassen liegen bekannte Weinorte wie Nackenheim, Nierstein oder Oppenheim. Da Rheinhessen vor allem für den Weinbau steht, führt uns zumindest eine Tour ins typische rebstockbestandene Hügelland mit seinen herrlichen Weitblicken (Tour 28). Im Mittelpunkt der drei anderen Wanderungen steht das Erlebnis des Wassers aus unterschiedlichen Perspektiven. Während wir uns im Bereich der Mainspitze (Tour 27) mit den beiden großen Flüssen gewissermaßen auf Augenhöhe befinden, gewährt uns der Rheinterrassenweg (Tour 29) einen herrlichen Überblick über den Strom. Dabei sah es hier natürlich nicht immer so aus wie heute. Bevor der Rhein an die Bedürfnisse der Lastschifffahrt angepasst wurde, mäanderte er sein Flussbett verbreiternd oder schmälernd, überschwemmend oder versandend, langsam oder schnell fließend durch mehr oder minder nutzbare Landschaften. Einen Einblick in frühere Zeiten gewährt die Kühkopf-Knoblochsaue (Tour 30), ein mit dem Prädikat »Europareservat« ausgezeichnetes Auenschutzgebiet.

Der Mainzer Dom.

Rhein und Main geben der Gesamtregion um Frankfurt nicht zu unrecht ihren Namen, waren sie es doch, die über zwei Jahrtausende Handel und Wandel ermöglichten.
Als Durchzugsgebiet entlang des Rheins war die Region vielen Einflüssen unterschiedlicher Volksgruppen ausgesetzt, die neben territorialen Ansprüchen vor allem vielerlei Waren, Erfahrungen und Informationen mit sich brachten. Der aus Nackenheim stammende Schrift-

Der Rhein bei Nierstein.

steller Carl Zuckmayer bezeichnete in seinem Werk »Des Teufels General« den Rhein als »Kelter Europas«. Besonders groß waren natürlich die Einflüsse der Römer, die im ersten Jh. v. Chr. am Ort einer einstmals keltischen Ansiedelung das Legionslager »Mogontiacum« errichteten. 500 Jahre lang war das heutige Mainz fortan eine der wichtigsten römischen Städte in Germanien und ab 89 n. Chr. Hauptstadt der Provinz Obergermanien. Die von den Römern erbaute Mainzer Rheinbrücke überqueren wir auf der Tour um die Mainspitze (Tour 27). Aber auch nachfolgende weltliche und geistliche Herrscher prägten die Region: Bischöfe und Grafen, Kurmainz und Kurpfalz. Zwei der drei romanischen Kaiserdome auf deutschen Boden stehen in Mainz und Worms. Der heute etwas verwirrende Name Rheinhessen stammt aus dem Jahr 1815, als die zuvor stark zergliederte Region geeint dem Großherzogtum Hessen einverleibt wurde. Erst 1945 ergab sich durch die französische und amerikanische Besatzungszone eine neue Grenzziehung, in dessen Folge Rheinhessen ab 1946 dem neu geschaffenen Land Rheinland-Pfalz zugeschlagen wurde. Dadurch verlor Mainz aber auch seine rechtsrheinischen Stadtteile an Hessen. Um die Verwirrung komplett zu machen, blieb der Zuname Mainz den neuen Wiesbadener Stadtteilen selbstverständlich erhalten.

In allen bekannten Weinorten und Städten am Ufer der großen Flüsse finden sich ausreichend Übernachtungsmöglichkeiten. Auch ist das Netz des öffentlichen Nahverkehrs vor allem entlang des Rheins und des Mains nahezu perfekt.

27 Drei-Brücken-Tour an der Mainmündung

2.15 Std.

Rund um die Mainspitze

Der Ballungsraum Frankfurt heißt nicht von ungefähr Rhein-Main-Gebiet, denn weder Taunus noch Odenwald waren es, welche die wirtschaftliche Bedeutung begründeten. Es waren Rhein und Main als wichtige Verkehrsadern, die Handel und Produktion förderten und somit Wohlstand brachten. Die kurzweilige Wanderung rund um die Mainmündung eröffnet herrliche Weitblicke über die beiden großen Flüsse und führt durch die Mainauen und in die alte Bischofsstadt Mainz mit ihren zahlreichen Sehenswürdigkeiten.

Ausgangspunkt: Mainz-Kastel, Bahnhof, 86 m. Erreichbar ab Frankfurt Hbf mit der S-Bahn (S1/S9). Anfahrt mit PKW über A 671, Ausfahrt Mainz-Kastel (Navi: 55252 Wiesbaden, Rheinufer).
Höhenunterschied: Unbedeutend.
Anforderungen: Leichte Wanderung ohne jede Steigung, größtenteils leider auf Asphalt.
Markierung: Keine, aber die Flüsse weisen den Weg.
Einkehr: Mainz-Kostheim, Mainz.
Karte: FTK Rad- und Wanderkarte 606 Unteres Maintal (Wiesbaden – Frankfurt) 1:40.000
Information: Tourist Service Center Mainz (Rheinstraße 55, 55116 Mainz, Tel. +49/6131/242388, www.mainz-tourismus.com).

Um die Namensverwirrung gleich aufzulösen, sei festgehalten, dass **Mainz-Kastel (1)** als römischer Brückenkopf von Mainz rechtsrheinisch gegenüber der Altstadt errichtet wurde, seit 1945 aber zu Wiesbaden gehört. Grund dafür

Am Rheinufer von Mainz-Kastel.

war die Grenze zwischen französischer und amerikanischer Besatzungszone und später zwischen den Bundesländern Hessen und Rheinland-Pfalz. Das namensgebende Kastell befindet sich direkt an der schönen Flusspromenade, die wir in gerader Linie vom **Bahnhof** aus erreichen. Es wurde ab 1792 von der französischen Revolutionsarmee erstmals seit der Römerzeit wieder militärisch genutzt und ab 1816 von Österreichern und Preußen zur Festung ausgebaut. Am Flussufer sorgen ein historischer Dreimaster und ein Sandstrand für Urlaubsatmosphäre. Unsere Tour folgt – die sporadisch angebrachten Wegzeichen ignorierend – dem Rhein flussaufwärts und über eine Fußgängerbrücke auf eine dem Ufer vorgelagerte Halbinsel. Im kanalartigen Rücklauf befindet sich ein kleiner Sportboothafen. Vorbei an mehreren Ausflugslokalen mit Rheinblick, Parkanlagen und einem großen Freibad erreichen wir die Mainmündung. Entlang des Mains gelangen wir nach **Mainz-Kostheim (2)** mit Einkehrmöglichkeiten. Die vorgeblich zweitälteste Weinbaugemeinde des Rheingaus gehört heute ebenfalls zu Wiesbaden.

Die Mainbrücke führt uns nun in ein Gebiet mit Parks, Schrebergärten und Sportanlagen, während das Mainufer zunächst durch eine Werft und ein Container-Terminal blockiert ist. Wir halten uns hinter der Brücke rechts und biegen – nachdem wir den Rasenplatz der Sportsfreunde Gustavsburg passiert haben – in den stimmungsvollen Wiesenweg ein. Er leitet uns im weiteren Verlauf durch alten Auenwaldbestand wieder zum Flussufer und schließlich zur **Mainspitze (3)**. Eindrucksvoll ist der Blick über den durch den frischen Zulauf breiter werdenden Strom Richtung Mainz.

Nun folgen wir dem Rhein ein kleines Stück flussaufwärts unter der Brücke hindurch. Der Aufgang zur Brücke befindet sich aber ein Stück landeinwärts, weshalb wir uns am Feldweg links halten. Über die Eisenbahnbrücke wechseln wir nun auf die Mainzer Seite und folgen dem Promenadenweg bis zum **Fischtorplatz** in **Mainz (4)**. Von hier aus können wir die Altstadt mit dem Dom, dem Gutenberg-Museum und ihren vielen anderen Sehenswürdigkeiten schnell erreichen. Zurück nach **Mainz-Kastel (1)** wandern wir weiter die Promenade entlang und schließlich über die **Theodor-Heuss-Brücke**.

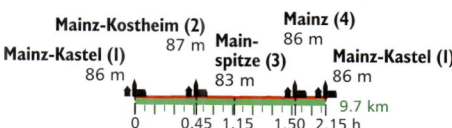

28 Im Gau-Algesheimer Hügelland

2.45 Std.

Rundblick ins ehemalige kurmainzisch-kurpfälzische Grenzgebiet

Sagenhafte Panoramablicke über Gau-Algesheim, Ingelheim und bis zum Rheingau charakterisieren diese wenig anstrengende Wanderung in abwechslungsreichem Gelände. Weinberge, Felder, Weiden und Waldpassagen säumen den Weg hinauf zum mächtigen Bismarckturm, der zwischen 1907 und 1912 erbaut wurde.

Ausgangspunkt: Gau-Algesheim, südöstlicher Ortsrand (»An der Layermühle«), 147 m. Erreichbar ab Frankfurt Hbf mit der Bahn über Mainz bis Bf Gau-Algesheim und mit Bus 643 bis Haltestelle »Radsporthalle«, von dort zu Fuß der Straße »An der Layermühle« folgen. Anfahrt mit PKW über A 60, Ausfahrt Ingelheim, dann B 41 (Navi: 55435 Gau-Algesheim, An der Layenmühle).
Höhenunterschied: 160 m.
Anforderungen: Unbeschwerliche Tour mit wenigen, kurzen Anstiegen.
Markierung: Geschwungenes h (Hiwweltour Bismarckturm).
Einkehr: Gau-Algesheim, Bismarckturm.
Karte: RTK Rad- und Wanderkarte 705 Rheinhessisches Hügelland 1:40.000.
Information: Tourist-Info Gau-Algesheim (Marktplatz 1, 55435 Gau-Algesheim, Tel. +49/6725/992143, www.gau-algesheim.de).

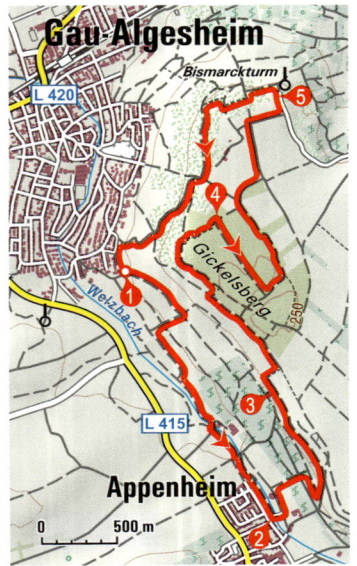

Unsere Tour beginnt am südöstlichen Ortsrand von **Gau-Algesheim (1)**, wo sich die von der Appenheimer Straße abzweigende Straße »An der Layermühle« in die Weinberge windet. Bei den letzten Höfen treffen wir auf die durchgehend gute Wegmarkierung mit dem geschwungenen »h« für die Hiwweltour, der wir stets folgen. Am Rastplatz führt uns der Feldweg zunächst leicht ansteigend an Obstbäumen entlang in südöstlicher Richtung nach **Appenheim (2)**. Am Ortsrand überschreiten wir einen von dichtem Gesträuch bewachsenen Bachlauf, dann strebt unser Weg zwischen Feldern den Weinbergen zu, wo wir rasch an Höhe gewinnen. Ein alter **Grenzstein (3)**

markiert den einstigen Übergang von Kurpfälzischem zu Kurmainzer Territorium. Bevor die Hiwweltour in den Wald eintaucht, ergeben sich schöne Ausblicke auf die weitläufige Hügellandschaft. Nicht beschwerlich kreuzen wir die bewaldete Kuppe des **Gickelsbergs (4)**, Felder und Heckenwege, wobei sich im Tal auf der anderen Hangseite die weißgetünchte Ingelheimer Burgkirche zeigt. Die spätgotische Wehrkirche stammt aus der ersten Hälfte des 15. Jh. und ersetzte einen romanischen Vorgängerbau. Bald darauf erreichen wir mit dem **Bismarckturm (5)** den Höhepunkt der Wanderung. Ein atemberaubender Rundblick bietet sich von der etwa 30 m hohen Aussichtsplattform. Insgesamt wurden weltweit 240 martialisch anmutende Türme zu Ehren Otto von Bismarcks errichtet. Davon sind heute in Deutschland, Frankreich, Tschechien, Polen,

Der Bismarckturm.

Russland, Österreich, Kamerun und Chile noch 173 erhalten. An Gedenktagen wie etwa Bismarcks Geburtstag sollten auf den Türmen Feuer brennen. Auch auf dem Ingelheimer Turm existiert eine Befeuerungsmöglichkeit. Der Blick reicht über den Rhein und den Rheingau mit seinen Schlössern bis zum Taunus. Am Fuße des Turmes besteht die Möglichkeit zur Einkehr. Auch ein Tierpark kann besucht werden.

Unser Rückweg führt in mäßigem Auf und Ab bogenförmig um die Hangkante herum, bevor er abrupt Richtung **Gau-Algesheim (1)** abfällt. Erst auf dem letzten Stück lassen wir den Wald hinter uns. Im Ortskern empfiehlt es sich, den hübschen Marktplatz zu besichtigen.

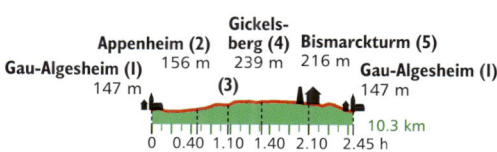

29 Von Bodenheim nach Oppenheim

4.30 Std.

Auf den aussichtsreichen Rheinterrassen

Urige Winzerorte, exquisite Weinlagen und herrliche Ausblicke prägen diese beschauliche Wanderung. Von den steil fallenden Hängen schweift der Blick über den Rhein und weite Felderlandschaften bis nach Frankfurt, zum Taunus und zum Odenwald. Neben einer großen Burgruine oberhalb von Oppenheim sind es gleich mehrere Kirchen unterschiedlicher Baustile, die, weithin sichtbar aus dem Rebenmeer hervorstechend, die Aufmerksamkeit des Wanderers fesseln.

Ausgangspunkt: Bodenheim, Bahnhof, 86 m. Erreichbar ab Frankfurt Hbf mit der Bahn über Mainz. Anfahrt mit PKW über A 60, Ausfahrt Mainz-Laubenheim, dann B 9 (Navi: 55294 Bodenheim, Bahnhofsplatz).
Endpunkt: Oppenheim, Bahnhof, 87 m. Rückfahrt per Bahn nach Bodenheim, bzw. über Mainz nach Frankfurt.
Höhenunterschied: 270 m im Auf- und Abstieg.
Anforderungen: Wenig beschwerliche Weinbergwanderung. Aufgrund mangelnden Schattens empfiehlt sich eine Kopfbedeckung.
Markierung: Stilisiertes R (Rheinterrassenweg).
Einkehr: Bodenheim, Nackenheim, Nierstein, Oppenheim.
Karte: RTK Rad- und Wanderkarte 706 Kühkopf/Hessisches Ried 1:40.000.
Information: Tourist-Info Bodenheim (Obergasse 22, 55294 Bodenheim, Tel. +49/6135 704913, www.bodenheim.de/tourismus).

Gegenüber dem **Bahnhof Bodenheim (1)** startet ein Rheinterrassen-Zuweg, der uns über Mainzer, Jahn- und Kirchbergstraße bogenförmig durch die Altstadt führt. Hinter der Pfarrkirche St. Alban erreichen wir längs des Friedhofs die ersten Weinlagen. Geradeaus am hübschen Pavillon vorbei queren wir noch eine kleine Siedlung, die wir rechter Hand auf der Schwester-Goswina-Straße verlassen, um wenig später auf den Rheinterrassenweg (»stilisiertes R«) zu stoßen, dem wir links abzweigend folgen. Zwischen Wein- und Ackerbau wechselnd halten wir uns vor dem großen Feld links und wandern zur weithin sichtbaren, leuchtend gelben barocken Kirche St. Gereon von **Nackenheim (2)**. Kirchbergweg und Weinbergstraße leiten uns zunächst, bevor uns linker Hand die Adam-Winkler-Straße zur Bergkapelle emporführt. Weiter bergan ergeben sich nun prächtige Aussichten auf den Rhein.

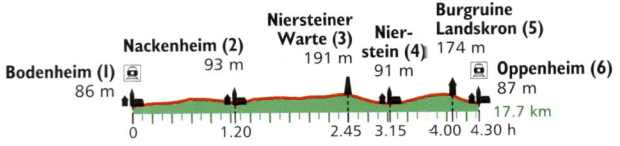

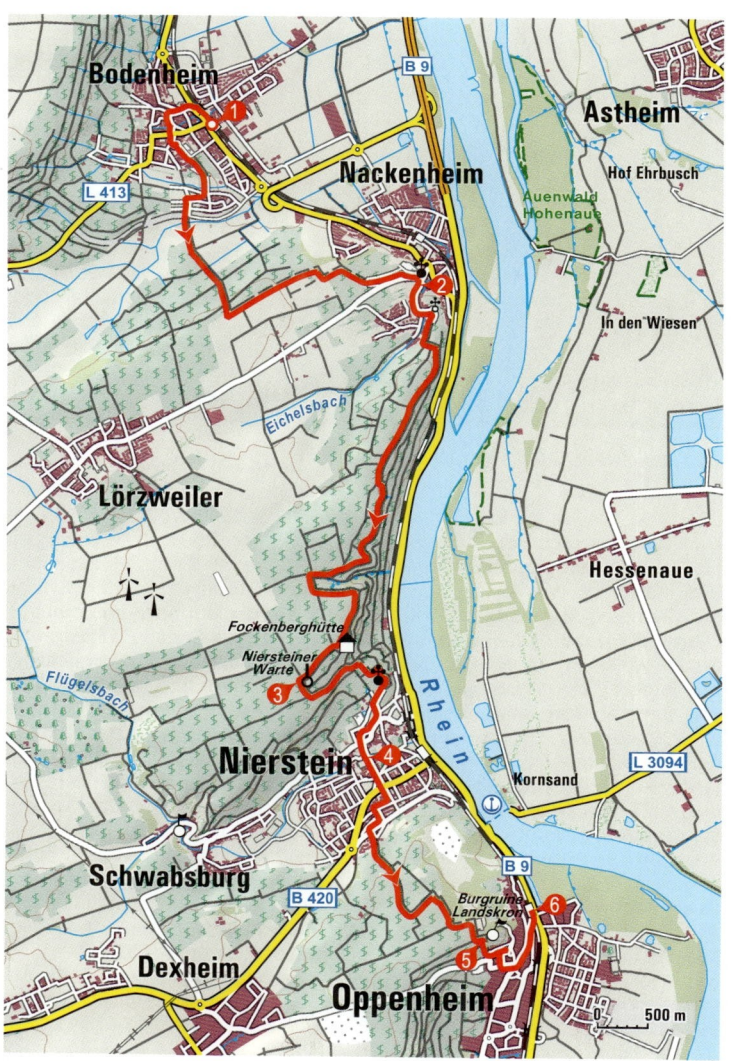

Die Katharinenkirche in Oppenheim.

Nachdem ein Taleinschnitt umgangen wurde, folgen wir dem Rheinterrassenweg noch etwa 400 m an der Hangkante entlang bis zur Weggabel an der Schutzhütte (Fockenberghütte). Hier verlassen wir den Rheinterrassenweg kurzzeitig und nehmen den hangseitig ansteigenden Weg zur **Niersteiner Warte (3)**, einem spätgotischen Wachtturm aus dem 14. oder 15. Jh. Die Weinlage »Roter Hang«, in der wir uns hier befinden, gilt als eine der besten in Rheinhessen. Der Wein wächst auf rotem Schieferboden und entwickelt nach etwas Flaschenreife eine fruchtig-herbe Note mit blumigem Bouquet.

Unterhalb der Anlage führt ein von Buschwerk gesäumter Weg rinnenartig links bergab, um an der Weggabel wieder auf den Rheinterrassenweg zu stoßen, dem wir geradeaus folgen. Die Niersteiner St.-Kilians-Kirche mit ihrem wuchtigen, von einer welschen Haube gekrönten Chorturm ist das nächste Ziel, bevor sich der Rheinterrassenweg durch das sehenswerte **Nierstein (4)** mit den vielen Winzerhöfen und engen Gassen schlägt. Von der R-Markierung gut geleitet, steigen wir vom südlichen Ortsrand noch einmal in den Weinbergen auf. Hinter der bewaldeten Kuppe rechts erwartet uns dann die **Burgruine Landskron (5)**. Nach einem Großbrand 1621 und einer Sprengung im Zuge des Pfälzischen Erbfolgekrieges nutzten die Bürger Oppenheims die Ruine als Steinbruch. Von der Ruine haben wir einen fantastischen Blick auf eines der bedeutendsten Kirchenbauwerke Deutschlands, die **Katharinenkirche** von Oppenheim. Auffallend ist das Zusammenspiel romanischer und gotischer Elemente. Der erste romanische Teil stammt aus dem 13. Jh., 1415 wurde mit dem Bau eines eigenen gotischen Stiftschores im Westen begonnen. Ferner wurde das ursprüngliche Langhaus gotisiert. Nach schweren Zerstörungen 1689 durch die Franzosen konnten erst im 19. Jh. die notwendigen Mittel zum Wiederaufbau bereitgestellt werden. Die Wiedereinwölbung des Westchores erfolgte sogar erst 1937.

Neben dem Eingang zur Burg führt uns ein Treppenweg hinunter in die Altstadt von **Oppenheim (6)** mit den engen Gassen, dem Marktplatz, der Bartholomäuskirche und dem Kellerlabyrinth. Vom **Bahnhof** fahren im Halbstundentakt Züge zurück nach Bodenheim.

3.30 Std.

Stimmungsvolle Kühkopf-Knoblochsaue 30

In den Rheinauen bei Stockstadt

An manchen Stellen dieses einzigartigen Naturschutzgebietes fühlt man sich in die Sümpfe Louisianas oder in die südfranzösische Camargue versetzt. Vielfältig zeigt diese 24 ha große urwüchsige Flussauenlandschaft dem Besucher seltene Landschaftsbilder mit Pflanzen und Tieren im faszinierenden Grenzbereich zwischen Land und Wasser. Die Kühkopf-Knoblochsaue ist der größte zusammenhängende naturnahe Auenkomplex am gesamten Oberrhein und damit ein Relikt aus fernen Zeiten des größten deutschen Flusses. Flussbegradigungen im 18. Jh. und die Verengung der Fahrrinne für die Schifffahrt sorgten für ein fast vollständiges Verschwinden wichtiger Lebens- und Rückzugsräume von Vögeln und Amphibien. Ebenso erhöhte sich durch das Aussetzen der natürlichen Wasserregulierung die Hochwassergefährdung. Das einstmals linksrheinische und heute zur »Schatzinsel Kühkopf« gewordene Auengebiet vermittelt dem Wanderer auf mehreren, unterschiedlich langen Wegen hautnahe Einblicke in eine faszinierende Landschaftsform. Ein schön gelegenes Gasthaus und ein großes Informationszentrum runden unsere erlebnisreiche Tour ab.

Ausgangspunkt: Stockstadt am Rhein, Wanderparkplatz Stockstädter Brücke, 86 m. Erreichbar ab Frankfurt Hbf mit der Bahn (RE), Fußweg zum Ausgangspunkt über Rheinstraße (ca. 750 m). Anfahrt mit PKW über A 67, Ausfahrt Pfungstadt, oder über B 44 (Navi: 64589 Stockstadt am Rhein, Rheinstraße 50, von dort noch ca. 200 m der Rheinstraße weiter folgen).
Höhenunterschied: Unbedeutend.
Anforderungen: Bequeme Wege führen durch urwaldartiges Terrain. Im Sommer ist ein guter Mückenschutz von Vorteil.
Markierung: H bzw. 3, R bzw. 6, dann wieder H bzw. 3.
Einkehr: Forsthaus Kühkopf.
Karte: RTK Rad- und Wanderkarte 706 Kühkopf/Hessisches Ried 1:40.000.
Information: Umweltbildungszentrum »Schatzinsel-Kühkopf« (Hofgut Guntershausen, Außerhalb 27, 64589 Stockstadt am Rhein, Tel. +49/6158/8286759, www.schatzinsel-kuehkopf.de).

Unser Rundweg beginnt am Parkplatz an der **Stockstädter Brücke (1)**, von wo aus wir das **Informationszentrum** am **Hofgut Guntershausen (2)** nach 200 m erreichen. Hier zeigt eine anschaulich und experimentell aufbereitete

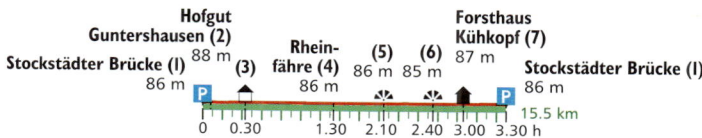

Altarm des Rheins.

Ausstellung die Besonderheiten des Lebensraums Auenwald. Links neben den Gutsgebäuden führt uns der Haubentaucherweg (Markierung »H« bzw. »3«) durch eine urwaldartige Vegetation mit Weiden, Schwarzpappeln, Ulmen und Stieleichen, die von Efeu berankt feuchten Böden trotzen. Unweit des Weges zieht sich der durch den dichten Bewuchs allerdings nur schwer erkennbare Altrhein entlang.

An der **Schutzhütte (3)** übernimmt der Reiherweg mit der Markierung »R« bzw. »6« und führt uns in knapp 3 km zum Rheinufer, eine Strecke, die vor allem zur Zeit der Bärlauchblüte (ca. April bis Mai) zu empfehlen ist, wenn weiße »Teppiche« das Bild dominieren. Vor allem aber lebt die Auenlandschaft natürlich vom Kommen und Gehen des Wassers, wodurch ein spannendes Wechselspiel aus offenen Schlammfluten, Röhrichtbeständen, Wiesen, Weich- und Hartholzauen entstanden ist, bevölkert von einer an diese Lebensumstände optimal angepassten, seltenen Tierwelt. 250 Vogelarten wurden am Kühkopf registriert, neben Durchreisenden wie nordischen Gänsen oder Schnepfenvögeln auch 120 heimische Brutvogelarten wie Blaukehlchen, Rohrsänger, Feldsperling oder Neuntöter.

Nachdem wir den **Fähranleger (4)** passiert haben und wieder der Markierung »H« bzw. »3« folgen, bieten die **Beobachtungsstände** – u. a. **(5)** und **(6)** – Chancen auf ausgiebige Vogelbeobachtungen. Je nach Jahreszeit blicken wir außerdem am sogenannten Aquarium auf eine mit Schwimmblättern und gelben Blüten der Seekanne bedeckte Wasserfläche.

Kurz danach lohnt rechter Hand ein Abstecher zum **Forsthaus Kühkopf (7)** mit Einkehrmöglichkeit, bevor wir zurück auf dem Haubentaucherweg Richtung **Stockstädter Brücke (1)** noch die evtl. gerade von Wasserlinsen begrünte Flutungsfläche Kisselwörth passieren.

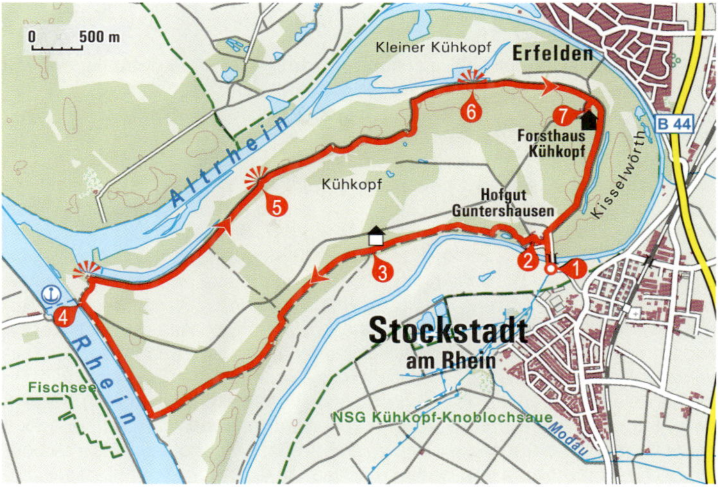

Urwüchsige Natur im Schwemmland.

Wetterau

Von Frankfurt ist es nur ein Katzensprung in die Wetterau, denn sie beginnt eigentlich schon im Nordosten des Stadgebietes. Der besondere Reiz dieser flachwelligen Landschaft lässt sich am besten mit dem Begriff »endliche Weite« beschreiben. Der Blick wird nur selten von Wäldern beeinträchtigt, es dominiert die freie Sicht, wobei einem die Berge am Horizont die räumliche Begrenztheit des Gebietes bewusst machen. Die Wetterau ist nämlich ein mehr oder weniger ebenes Becken zwischen dem Taunus im Westen, dem Vogelsberg im Nordosten und dem Spessart im Südosten. Geologisch gesehen handelt es sich um eine Senkungsstruktur, die man sich als Fortsetzung des Oberrheingrabens nach Nordosten vorzustellen hat. Daher überwiegen in ihrem Gesteinsaufbau mächtige Sedimentschichten aus dem Tertiär; im Horloffgraben, dem nördlichsten Ausläufer der Wetterau, entstanden zudem regional bedeutsame Braunkohlelager, die bis Anfang der 1990er-Jahre abgebaut wurden. Das relativ häufige Auftreten von basaltischen Gesteinen steht im Zusammenhang mit dem Vulkanismus im nahen Vogelsberg. In der letzten Eiszeit wurden durch Windtransport feine Staubpartikel in die Wetterau-Senke geweht und dort in großer Mächtigkeit als Löss abgelagert. Dessen ertragreiche Böden machen die Wetterau zu einer der fruchtbarsten Landschaften Deutschlands, was ihr auch den Spitznamen »Obstkorb von Frankfurt« eingebracht hat. Streuobstwiesen waren zwar früher weiter verbreitet, liefern aber auch heute immer noch die Äpfel, auch den Speierling, aus denen der beliebte Frankfurter Ebbelwoi gekeltert wird. Ansonsten überwiegt landwirtschaftlich der Anbau von Getreide und Zucker-

Herbstliche Impressionen bei Muschenheim.

rüben. Namensgebend für das weite Becken ist das Flüsschen Wetter, das am Rande des Vogelsberges entspringt und bei Assenheim in die Nidda mündet. Als weitere wichtige Fließgewässer sind noch Usa, Horloff, Nidder und Seemenbach zu erwähnen. Die Täler aller genannten Flüsse bilden eine weiträumige Auenlandschaft, die im »Auenverbund Wetterau«, einem Biotopverbundsystem, zusammengeschlossen sind. Viele Tier- und Pflanzenarten finden hier ideale Lebensbedingungen.

Blick vom Bergfried der Münzenburg.

Erste Spuren menschlicher Besiedlung datieren aus der späten Jungsteinzeit (ca. 5000 v. Chr.), aber erst in keltischer Zeit (ca. 600–300 v. Chr.) wurde das Gebiet systematischer besiedelt. Die Römer erkannten unter Kaiser Vespasian (69–79 n. Chr.) die strategische Bedeutung der Wetterau für die Versorgung der Truppen mit Getreide und grenzten sie in einem weiten Bogen mit dem Limes ein. Reste dieses alten Grenzwalles sind heute in der Landschaft kaum mehr erkennbar, dafür finden sich über die Wetterau verstreut archäologische Bodenfunde von römischen Kastellen oder Gutshöfen. Im frühen Mittelalter war die Wetterau ein fränkischer Gau, der im Auftrag des Königs von einem Grafen verwaltet wurde. Nach dem Ende der Staufer rivalisierten im Hochmittelalter einzelne Adelsgeschlechter, das Erzbistum Mainz sowie die freie Reichsstadt Friedberg um die Vorherrschaft in der Wetterau, was zu einer politischen Zersplitterung des Territoriums führte. Dies blieb so bis zum Ende des Alten Reiches, als im Jahr 1806 unter Napoleon weite Teile der Region an das Großherzogtum Hessen-Darmstadt fielen. Heute gehört der Landstrich zum Regierungsbezirk Darmstadt, wobei in der Gebietsreform von 1972 die beiden Landkreise Friedberg und Büdingen zum Wetteraukreis mit Sitz in Friedberg zusammengefasst wurden.

Mit Bad Nauheim, Bad Salzhausen und Bad Vilbel verfügt die Wetterau gleich über drei sehenswerte Bäderorte; viel Fachwerkromantik und mittelalterliches Flair wird Besuchern zudem in Büdingen, Butzbach, Lich und Münzenberg geboten. Ferner zählen Ilbenstadt mit seinem »Wetterauer Dom« und das Rosendorf Steinfurth zu den schönsten Sehenswürdigkeiten des Gebietes.

31 Der Keltenerlebnispfad am Glauberg

Besuch beim Keltenfürsten

Der Glauberg ist eine der bedeutendsten Lokalitäten aus prähistorischer Zeit in Hessen und in ganz Deutschland. Sein acht Hektar großes Plateau wurde bereits in der Jungsteinzeit (ca. 5.000 v. Chr.) besiedelt und ist vor allem berühmt für seine einzigartigen Funde aus keltischer Zeit. Dieses eisenzeitliche Volk errichtete hier um 500 v. Chr. eine Höhensiedlung, die von einer mehr als zwei Kilometer langen Mauer umgeben war. Zudem fand man am Fuße des Glauberges zwei Grabhügel, in denen drei Personen samt Grabbeigaben bestattet wurden. Seit 2011 bieten das Keltenmuseum und der Archäologische Park als »Keltenwelt am Glauberg« Besuchern die Möglichkeit, sich wissenschaftlich fundiert über ein faszinierendes Kapitel der Vorgeschichte zu informieren.

Ausgangspunkt: Düdelsheim (Stadtteil von Büdingen), Platz vor der evang. Kirche, 125 m. Erreichbar ab Frankfurt Hbf mit Bahn bis Altenstadt und Bus FB-41 bis Haltestelle »Düdelsheim Hauptstraße«. Parken am Friedhof (Navi: 63654 Büdingen, Wingertgasse 12).
Höhenunterschied: 170 m.
Anforderungen: Wanderung mit mäßigen Anstiegen, überwiegend auf geteerten Flurwegen, über den Glauberg naturbelassene Pfade.
Markierung: Bonifatiusroute, weißer Kringel, G1, ohne Markierung, Bonifatiusroute.

Einkehr: Düdelsheim, Keltenmuseum am Glauberg (Bistro, Mo Ruhetag).
Karte: RTK Rad- und Wanderkarte 509 Unteres Kinzigtal/Ronneburger Hügelland 1:40.000.
Information: Keltenwelt am Glauberg (Am Glauberg 1, 63695 Glauburg, Tel. +49/6041/823300, www.keltenwelt-glauberg.de).
Tipp: Zeit für eine Besichtigung des Keltenmuseums (Mo geschlossen) einplanen. Das berühmteste Exponat ist die lebensgroße Sandsteinfigur eines keltischen Herrschers, der »Keltenfürst vom Glauberg«.

Am Platz vor der **evangelischen Kirche** in **Düdelsheim (1)** sehen wir an der Mauer die Markierung der Bonifatiusroute, der wir aufwärts aus dem Ort hinaus folgen. Am Endes des kleinen Anstieges weist uns unsere Markierung bei einer Ruhebank nach links und kurz darauf erneut nach links. Wir gehen auf einem Grasweg auf ein Wäldchen zu, wo uns der Geländepunkt »**Zu den Steinern**« (2) mit einer hölzernen Aussichtskanzel (herrlicher Blick auf das Glauberg-Massiv) und (versteckt im Wald) einer Schar von pittoresken Basaltfelsen erwartet.

Von hier aus geht es zunächst über Wiesenwege hangabwärts, bis wir auf einen Betonweg stoßen, der

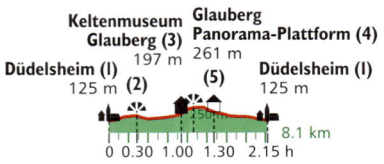

Das Keltenmuseum auf dem Glauberg.

schließlich nahezu pfeilgerade, vorbei an einem rekonstruierten Grabhügel, zum **Keltenmuseum am Glauberg (3)** hochführt, das aufgrund seiner ungewöhnlichen Architektur auch »Fernrohr in die Vergangenheit« genannt wird. Nach Besichtigung und Rast im Museumsbistro passieren wir den Parkplatz und folgen halbrechts den Markierungen der drei Rundwege »G1«, »G2« und »G3« sowie dem »weißen Kringel« auf das Plateau des Glauberges (die Bonifatiusroute läuft hier geradeaus weiter). Der Weg führt zunächst bergan durch den Wald, oben angelangt halten wir uns entlang des Hauptweges und werfen von der eindrucksvollen **Panorama-Plattform (4)** einen Blick ins Umland. Wir passieren die Überreste einer staufischen Reichsburg und verlassen die Anlage durch die sogenannte Stockheimer Pforte, ein ehemaliges Tor der vorzeitlichen Wallanlage. Ab hier geht es auf dem Schotterweg hangabwärts, bis uns nach wenigen Metern alle vier Zeichen auf einen schmalen Pfad nach rechts weisen. Bald darauf ist der Waldrand erreicht, wo eine **Hütte (5)** des Vogelsberg-Höhen-Clubs (VHC) steht. Ab hier folgen wir nur noch der Markierung »G1« nach rechts, immer am Waldrand entlang. Nach etwa 300 m biegen wir ohne Markierung links auf einen Asphaltweg ab, dem wir in großem Bogen über die Feldflur folgen. Beim nächsten Wegkreuz bei einem markanten einzelnen Baum biegen wir links ab, überwinden einen letzten kleinen Anstieg und erreichen nach wenigen Minuten das Wegkreuz am Ortsrand von Düdelsheim bei der Ruhebank. Von hier gelangen wir wie beim Hinweg zurück zur **evangelischen Kirche** in **Düdelsheim (1)**.

TOP 32 — Von Büdingen auf die Ronneburg

6.00 Std.

Mittelalter vom Feinsten

Für manche ist das Mittelalter eine dunkle Epoche der Geschichte, auf dieser Wanderung zeigt es sich jedoch von seiner schönsten Seite. Denn mit Büdingen werden wir eines der am besten erhaltenen historischen Stadtbilder Deutschlands kennenlernen und die Ronneburg gilt als die schönste Höhenburg in ganz Hessen – beide eingebettet in die malerische Landschaft der südlichen Wetterau. Bei einem Besuch im Jahr 1952 bezeichnete Albert Einstein Büdingen als »ein Stück Mittelalter, gezeigt von seiner attraktivsten Seite«. Dominiert wird das Stadtbild zum einen von der aus dem 12. Jh. stammenden Wasserburg der Grafen von Ysenburg, zum anderen von der original erhaltenen Stadtbefestigung mit 22 Türmen, darunter das Große Bollwerk und das Jerusalemer Tor.

Ausgangspunkt: Büdingen, Marktplatz, 131 m. Erreichbar ab Frankfurt Hbf mit Bahn über Gelnhausen (umsteigen) bis Bf Büdingen. Anfahrt mit PKW über B 457 (Navi: 63654 Büdingen, Marktplatz).
Höhenunterschied: 340 m.
Anforderungen: Nur ein steiler Anstieg zur Ronneburg, ansonsten mäßige An- und Abstiege, teils auf naturbelassenen Pfaden, teils auf geteerten Flurwegen.
Markierung: Ohne Markierung, rot-weißer Balken, weißer Balken, gelbes Kreuz, weißes Dreieck/weißer Doppelbalken, grünes Kreuz, ohne Markierung.
Einkehr: Büdingen, Ronneburg (Burgrestaurant und Café, Mo/Di Ruhetag), Diebach am Haag.
Karte: RTK Rad- und Wanderkarte 509 Unteres Kinzigtal/Ronneburger Hügelland 1:40.000.
Information: Tourist-Information Büdingen (Marktplatz 9, 63654 Büdingen, Tel. +49/6042/96370, www.buedingen.info).

Die Ronneburg ist das Wahrzeichen der südlichen Wetterau.

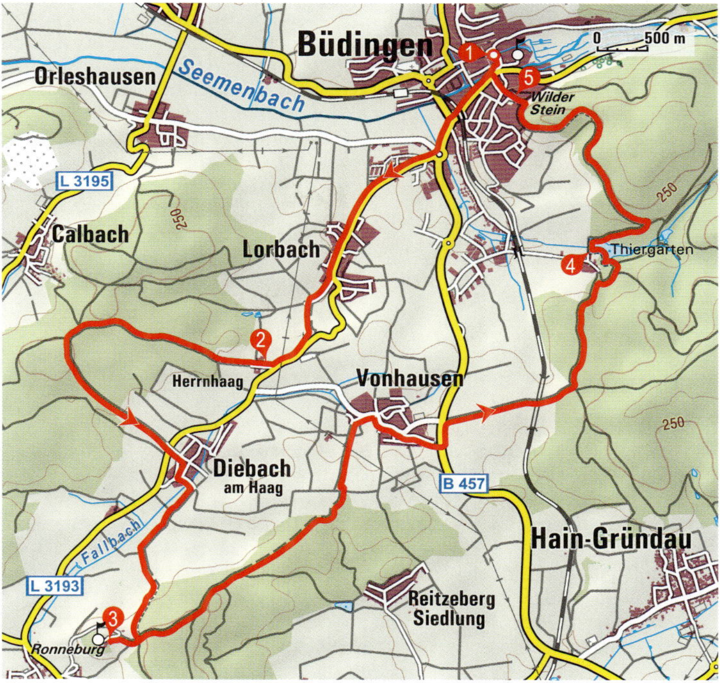

Vom **Marktplatz** in **Büdingen (1)** geht es zunächst ohne Markierung über die Straße »Altstadt« zur Mühltorstraße, in die wir rechts einbiegen. Wir folgen der langgestreckten Straße, die in die Gymnasiumstraße übergeht, bis zur großen Straßenkreuzung mit der B 457. Hier halten wir uns links in Richtung Gelnhausen, bleiben aber auf dem rechten Bürgersteig, denn dort taucht kurz nach dem Hotel Saline die Markierung »rot-weißer Balken« auf, die uns nun führt. Zunächst geht es die Lorbacher Straße entlang aus Büdingen hinaus nach Lorbach, dann hangaufwärts über Streuobstwiesen mit

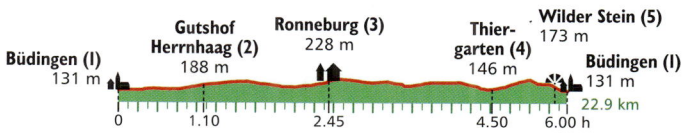

Das Jerusalemer Tor in Büdingen.

herrlichem Blick auf die Bergkuppe des Hardeck im Westen und die Ronneburg, unser Ziel, im Südwesten. Der malerische **Gutshof Herrnhaag (2)** verdient schon wegen seiner Historie unsere Aufmerksamkeit, denn hier gründeten im 18. Jh. Glaubensflüchtlinge aus Sachsen, sogenannte Herrnhuter, ein eigenes pietistisches Gemeinwesen. Danach gehen wir weiter geradeaus auf dem wunderschönen Alleenweg in den Wald hinein und halten uns dort nach etwa 2 km bei einem großen Wegkreuz zweimal links – ab jetzt dem Wegezeichen »weißer Balken« folgend. Dieses führt uns durch **Diebach am Haag** und leitet uns hangaufwärts über Wiesen und vorbei an Pferdekoppeln in einen Wald, wo die steilste Passage der Tour vor uns liegt. Beim ersten Wegkreuz biegen wir rechts ab und legen die letzten Meter bis zur **Ronneburg (3)** zurück. Sie wurde Anfang des 13. Jh. von den Staufern als Sicherungsburg der »Kaiserlichen Wetterau« auf einem steilen Basaltsporn errichtet. Heute beherbergt sie unter anderem ein Museum, eine Gaststätte und eine Falknerei.

Von der Ronneburg gehen wir zurück zum Wegkreuz und folgen ab hier nun dem »gelben Kreuz« geradeaus, erst durch den Wald, dann über die Feldflur bis **Vonhausen**. Hier halten wir uns auf der Hauptstraße rechts und folgen nun den beiden Markierungen »weißes Dreieck« und »weißer Doppelbalken« aus dem Ort hinaus. Nach Unterquerung der B 257 biegen wir links ab und kurz vor der Bushaltestelle nehmen wir den ersten Weg nach rechts über die Feldflur. Unsere Markierungen tauchen erst wieder am Waldrand auf, hier biegen wir jedoch mit »grünem Kreuz« nach links ab und gelangen nach etwa 1 km zum ehemaligen Gut **Thiergarten (4)**, das heute als Fabrikgelände genutzt wird. Als idyllisch ist dennoch der nahe gelegene See zu bezeichnen, um den uns das »grüne Kreuz« herumführt. Hier heißt es jedoch aufpassen, da der Weg manchmal etwas undeutlich markiert ist! Im weiteren Verlauf führt uns das »grüne Kreuz« zuverlässig durch den Wald, wobei auch einige Höhenmeter zu bewältigen sind. Kurz vor Büdingen macht unser Weg noch einen Bogen um die Kuppe des Döhlberges und hat noch einen letzten Höhepunkt für uns parat: das Geotop **Wilder Stein (5)**, wo Basaltsäulen als Relikte eines ehemaligen Vulkanschlotes bestaunt werden können. Außerdem bietet sich von hier oben ein herrlicher Blick auf die Altstadt von Büdingen. Eine Treppe führt uns abwärts auf die Mühltorstraße zurück zum **Marktplatz** in **Büdingen (1)**.

3.45 Std.

Von Bad Nauheim ins Rosendorf Steinfurth — 33

Jugendstil und Rosen

... und Rock 'n' Roll – denn in Bad Nauheim ließe es sich auch auf den Spuren des King of Rock, Elvis Presley, wandeln, der hier und im nahen Friedberg seine Militärzeit verbrachte. Wir wollen auf dieser Tour jedoch vor allem den Jugendstil-Charme des Wetterauer Badeortes erkunden und uns im nahegelegenen Steinfurth auf Rosen betten. Bad Nauheim verdankt seine Bedeutung als Kurort salzhaltigen Quellen, die am Fuße des Johannisberges zutage treten. Ihre Nutzung lässt sich bis in die Zeit der Kelten zurückverfolgen, doch erst zu Beginn des 19. Jh. wurde deren heilbringende Wirkung entdeckt, weshalb der Stadt im Jahr 1869 die Bezeichnung »Bad« verliehen wurde. Anfang des 20. Jh. ließ Großherzog Ernst Ludwig von Hessen und Rhein neue Bade- und Kuranlagen im Jugendstil errichten, die noch heute das Stadtbild prägen.

Ausgangspunkt: Bad Nauheim, Bahnhof, 157 m. Erreichbar ab Frankfurt Hbf mit der Bahn. (Navi: 61231 Bad Nauheim, Bahnhofsallee.)
Höhenunterschied: 200 m.
Anforderungen: Mäßige An- und Abstiege, meist auf geteerten Flurwegen.
Markierung: Ohne Markierung, blauer Kringel, W (Wettertalweg), R (Rosenweg), ohne Markierung, W (Wettertalweg), Radweg II, ohne Markierung, P (Panoramaweg), ohne Markierung.
Einkehr: Bad Nauheim, Steinfurth (Rosencafé im Rosenmuseum, Mo Ruhetag), Johannisberg (Café-Restaurant-Hotel).
Karte: RTK Rad- und Wanderkarte 407 Wetterau Nord 1:40.000.
Information: Tourist Information Bad Nauheim (In den Kolonnaden 1, 61231 Bad Nauheim, Tel. +49/6032/929920, www.bad-nauheim.de).

Perle des Jugendstils: der Sprudelhof in Bad Nauheim.

Rosen sind das Wahrzeichen von Steinfurth.

Wir starten am **Bahnhof** von **Bad Nauheim (1)** und gelangen durch die Fußgänger-Unterführung auf die östliche Seite der Bahngleise. Hier halten wir uns auf der Straße »Am Goldstein« links und biegen gleich wieder rechts in den Adlerweg ein, wo uns die Markierung »blauer Kringel« durch den **Goldsteinpark (2)** führt, vorbei an den kunstvollen Plastiken des Planetenweges und dem (leider nicht zu besteigenden) Goldsteinturm. Der »blaue Kringel« leitet uns danach aus dem Ort hinaus über die B 275 und wir passieren rechter Hand das NSG Wisselsheimer Salzwiesen. Beim Wegweiser hinter dem Hofgut Löwenthal (früher Verwaltungssitz einer Saline) biegt »blauer Kringel« nach rechts zur Wetter hin ab, wir halten uns jedoch zunächst mit dem »grünen W« (Wettertalweg) weiter geradeaus und folgen beim nächsten Wegkreuz dem »roten R« nach rechts. Wir befinden uns nun auf dem Rosenweg, der zu den schönsten Stellen des Rosendorfes Steinfurth führt, wo bereits seit 1868 Rosen angebaut werden und wo jedes Jahr Hunderttausende der verschiedensten Rosenzüchtungen blühen. Zwischen Mitte Juni und Ende September ist die Blütenpracht am schönsten.

Beim **Rosenmuseum Steinfurth (3)** in der Ortsmitte geht es dann ohne Markierung nach links (Oberpforte) und dann rechts auf der Hauptstraße durch den Ort. Beim Hinweisschild »Schützenhaus/Friedhof« biegen wir mit dem »grünen W« nach links ab, aus dem Ort hinaus und nach dem Friedhof entlang eines kleinen Wäldchens den Hang hoch, wo sich von der baumlosen Feldflur ein famoser Rundblick auf die Umgebung bietet. Beim nächsten Wegkreuz biegt »grünes W« nach links ab, wir bleiben jedoch ohne Markierung geradeaus auf einem Grasweg, halten uns beim nächsten Wegkreuz halblinks und schwenken dann rechts auf einen geteerten Flurweg. Diesem folgen wir über die Hochfläche, vorbei an einem Sandabbau, halten uns parallel zu Bundesstraße und Bahnlinie und überqueren beide nach links in Richtung

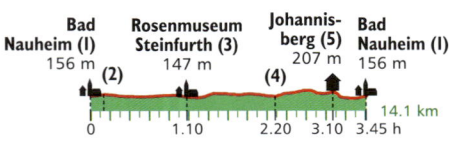

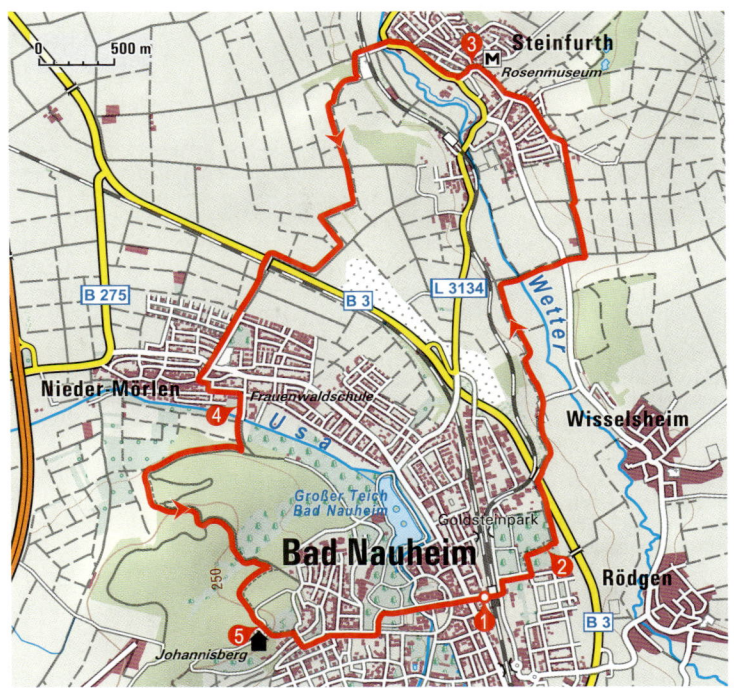

Nieder-Mörlen. Im Ort folgen wir stets der Markierung des Radweges II, vorbei am Friedhof und der **Frauenwaldschule (4)** und schließlich über das Tal des Flüsschens Usa auf einem Asphaltweg hangaufwärts in den Wald. Jetzt aufpassen! In der ersten großen Linkskurve verlassen wir den breiten Weg und nehmen stattdessen den schmalen Pfad nach rechts (westlich) aus dem Wald hinaus. Er biegt gleich wieder nach links ab, folgt dem Waldrand und mündet nach etwa 50 m in den mit »P« markierten Panoramaweg, dem wir nach links erneut in den Wald hinein folgen. »P« führt uns nun zuverlässig durch den Wald zum Skulpturenpark und von dort auf einer etwas steileren Passage hinauf zum **Johannisberg (5)**, wo beim »Café-Restaurant-Hotel Johannisberg« unsere Ausdauer mit einem herrlichen Blick auf Bad Nauheim und Umgebung belohnt wird. Vorbei an Weinbergen geht es auf einer Treppe hinunter in die Stadt und durch die Parkstraße, den Kurpark und den Sprudelhof zurück zum **Bahnhof** von **Bad Nauheim (1)**.

34 Von Münzenberg zum Kloster Arnsburg

4.15 Std.

Ritter, Römer und ein heiliger Stein

Das »Wetterauer Tintenfass«, wie die beeindruckende Anlage der Ruine von Burg Münzenberg im Volksmund genannt wird, ist nicht nur der Ausgangspunkt unserer Tour, sie wird uns auch unterwegs immer wieder ins Auge springen. Die Festung stammt aus der Stauferzeit und zählt zu den bedeutendsten romanischen Burganlagen Deutschlands. Vom östlichen Bergfried bietet sich eine herrliche Aussicht ins Umland. Auf unserem Weg zum Kloster Arnsburg werden wir auf dieser geschichtsträchtigen Wanderung ein Megalithgrab aus der Steinzeit besuchen und uns auf Spurensuche in die Zeit der Römer begeben.

Ausgangspunkt: Münzenberg, Marktplatz, 204 m. Von Frankfurt Hbf mit Bahn über Friedberg nach Beienheim und mit Bus FB-57 bis Haltestelle »Münzenberg Steinbergstraße«. Anfahrt mit PKW über A 45, Ausfahrt Münzenberg (Navi: 35516 Münzenberg, Hattsteiner Hof).
Höhenunterschied: 170 m.
Anforderungen: Wanderung ohne nennenswerte An- und Abstiege, je zur Hälfte auf naturbelassenen Pfaden und geteerten Flurwegen, meist über offenes Gelände (im Hochsommer Kopfbedeckung mitnehmen).
Markierung: Blaues X, Jakobsweg, ohne Markierung, KWW 3, KWW 4, KWW 1, blauer Kringel.
Einkehr: Münzenberg, Kloster Arnsburg (Restaurant »Alte Klostermühle«, Mo Ruhetag).
Karte: RTF Rad- und Wanderkarte 407 Wetterau Nord 1:40.000.
Information: Stadtverwaltung Münzenberg (Hauptstr. 22, 35516 Münzenberg-Gambach, Tel. +49/6033/96030, www.muenzenberg.de).

Am **Marktplatz** von **Münzenberg (1)** halten wir uns mit Blick zum Rathaus nach rechts und biegen gleich wieder links in das Sträßchen »Unter der Burg« ein. Der Fußweg führt uns empor bis zum Tor der **Münzenburg (2)**; für die Besichtigung der weitläufigen Anlage sollte man unbedingt genügend Zeit einplanen. Dann das Biergässchen wieder hinunter in die Altstadt nehmen und rechts in den Burgweg einbiegen, der in die Wohnbacher Straße übergeht. Beim Burghotel stoßen wir auf die beiden Markierungen »blaues X« und »Jakobsmuschel« (Jakobsweg), mit denen wir die Steinbergstraße überqueren und dann über die Feldflur laufen. Beim **Traiser Stein-**

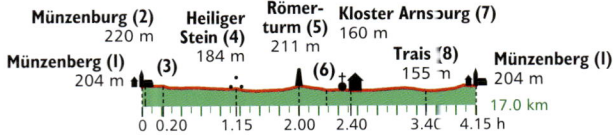

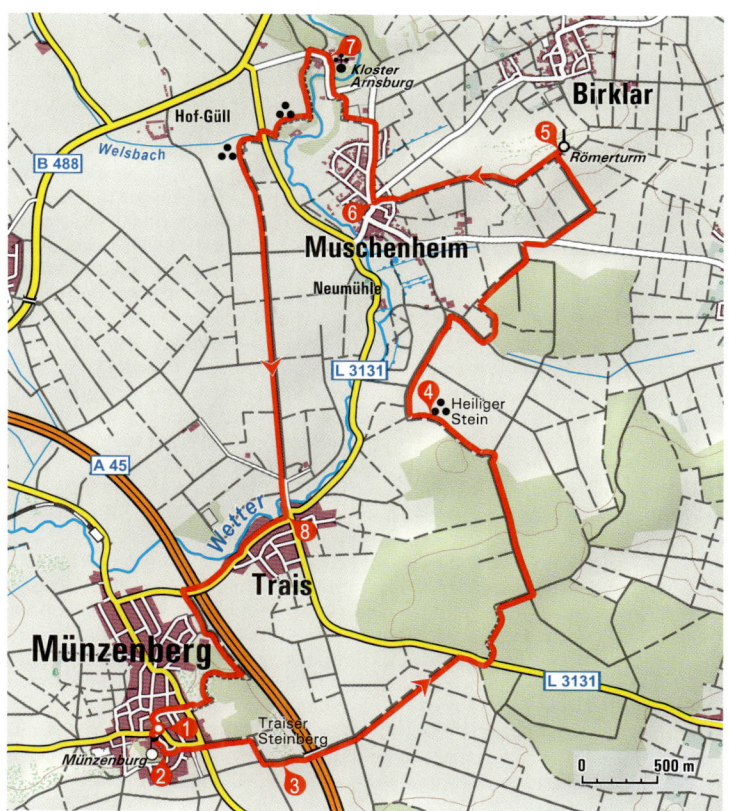

berg (3) lohnt sich ein kleiner Abstecher in dieses sehenswerte Biotop, das einem riesigen Steingarten ähnelt. Zwischen Blöcken aus Konglomeratsandstein breitet sich eine Magerrasen-Vegetation aus, in der u. a. Orchideen, Enzianarten und seltene Reptilien einen Lebensraum finden.

Nach Überquerung der A 45 geht es mit beiden Wanderzeichen zunächst geradeaus weiter über die Felder, ebenso nach etwa 250 m beim nächsten Wegkreuz, wo beide Markierungen sich nach rechts verabschieden. Jetzt wandern wir ohne Markierung (nordöstlich) zur L 3131 und folgen dieser nach rechts, bis nach etwa 80 m ein Weg nach links in den Wald hineinführt

Die Münzenburg, das »Wetterauer Tintenfass«.

(Schild: »Privatweg mit Durchfahrtverbot«). Nun heißt es aufpassen: Der unbefestigte Weg macht zunächst eine Linkskurve und führt uns dann mehr oder weniger diagonal nach rechts durch den Wald, wobei er allmählich zu einem Trampelpfad wird. Nach etwa 200 m stoßen wir auf einen breiten unbefestigten Weg, dem wir nach links folgen, bis wir in Kürze zu einem großen Wegkreuz gelangen.

Hier biegen wir rechts und nach etwa 200 m wieder links ab und folgen diesem breiten, weitgehend geradlinig verlaufender Weg für etwa 800 m zum Waldrand. Ab dort weisen uns die Wegweiser des Kulturhistorischen Wanderweges (KWW) der Gemeinde Muschenheim die Richtung. Wir biegen links ab, laufen stets mit »KWW 1« und »KWW 3« am Waldrand entlang, bis wir nach etwa 200 m das Megalithgrab **Heiliger Stein (4)** erreichen. Infotafeln verraten alles Wissenswerte über dieses steinzeitliche Monument.

Von hier geht es hangabwärts bis zum Weidehof Weil, wo wir mit »KWW 4« rechts abbiegen, dann am Waldrand gleich wieder links. Geleitet von »KWW 1« und »KWW 4« erreichen wir nach der Bewältigung eines kurzen, aber strammen Anstieges den **Römerturm (5)**, eine moderne Nachbildung eines Wachturmes am ehemals hier verlaufenden Limes. In **Muschenheim (6)** halten wir uns mit »KWW 1« und »KWW 2« rechts, verlassen den Ort und biegen beim Parkplatz am Sportplatz links ab, dann gleich wieder rechts in ein Wäldchen hinein. Wo durch die Bäume die ersten Gebäude zu sehen sind, biegen wir bei erster Gelegenheit nach links ab und erreichen über den Parkplatz und die alte Brücke über die Wetter das **Kloster Arnsburg (7)**. Die weitläufige Anlage, gegründet von Zisterziensern im Jahr 1174, ist sehr beeindruckend und entsprechend viel Zeit sollte für ihre Besichtigung eingeplant werden.

Nach einer Stärkung in der Klosterschänke verlassen wir die Klosteranlage durch das prächtige Haupttor und halten uns danach gleich scharf links. Ab jetzt führt uns die Markierung »blauer Kringel« (zeitweise begleitet von »KWW 2« und »KWW 1«) zurück nach Münzenberg, vorbei an der Burgwüstung Arnsburg und dem Römerkastell Arnsburg-Alteburg (Infotafeln). Auf der Hochfläche geht es auf der Route einer alten Römerstraße immer geradeaus bis nach **Trais (8)**. Von hier führt uns der »blaue Kringel« zunächst um Münzenberg herum durch das NSG Münzenberger Steinberg und schließlich in den Ort hinein, wo wir wieder auf die Steinbergstraße stoßen. Diese überqueren wir geradeaus und folgen dem »Neuen Weg« zurück zum **Marktplatz** von **Münzenberg (1)**.

3.15 Std.

Von Butzbach auf den Hausberg 35

Die Wetterau von oben

Der Hausberg der Butzbacher heißt schlicht und ergreifend Hausberg und ist mit 486 m der höchste Gipfel eines Ausläufers des Taunus in die weite Ebene der Wetterau. Ihn zu besteigen und von seinem gigantischen Aussichtsturm den Ausblick zu genießen, ist allerdings nur ein Ziel dieser Tour. Ein weiteres liegt in dem Reiz, auf den Spuren der Römer entlang eines Teilstückes des Limes zu wandern. Wir starten am Schrenzer, einer Anhöhe westlich der Stadt, wo einst Friedrich Ludwig Weidig (1791–1837), ein Weggefährte Büchners und wie dieser Demokrat und Kämpfer für die bürgerliche Freiheit, den ersten hessischen Turnplatz begründete. Sein Denkmal steht unweit des Parkplatzes am Schrenzerbad, etwas hangaufwärts am Wald bezeugt ein Nachbau eines römischen Wachturmes die Nähe des römischen Limes.

Ausgangspunkt: Butzbach, Parkplatz am Schrenzerbad, 312 m. Erreichbar ab Frankfurt Hbf mit Bahn bis Bf Butzbach und Bus FB-50 bis Haltestelle »Schrenzerschule«. (Navi: 35510 Butzbach, Kleeberger Str. 65.)
Höhenunterschied: 220 m.
Anforderungen: Abschnittsweise steilere An- und Abstiege, meist auf naturbelassenen Pfaden und Schotterwegen.
Markierung: Limesturm (Limesweg), blauer Balken/schwarzer Punkt, schwarzes Dreieck, blaues X/blauer Balken, blauer Balken, Hirschkäfer, schwarzer Balken, Limesturm.
Einkehr: Forsthaus Butzbach (Mo/Di Ruhetag), Hausen (Gaststätte »Zum Herrenbrunnen«, Di Ruhetag).
Karte: Naturnavi Blatt 47-559 Hintertaunus Ost 1:25.000.
Information: Tourist-Information Butzbach (Marktplatz 1, 35510 Butzbach, Tel. +49/6033/995310, www.stadt-butzbach.de).
Tipp: Dem Marktplatz in Butzbach mit Marktbrunnen, Rathaus und zahlreichen weiteren pittoresken Fachwerkhäusern, einem der schönsten und bekanntesten Plätze in Hessen, sollte man auf jeden Fall einen Besuch abstatten.

Vom Hausbergturm hat man eine herrliche Aussicht.

Nachbau eines Limesturms beim Schrenzerbad.

Geleitet von der Limesturm-Markierung (Limesweg) gehen wir vom **Parkplatz am Schrenzerbad (1)** zunächst auf der Anfahrtsstraße einige Meter zurück und biegen bei der Kreuzung mit dem Radweg halb rechts auf einen Pfad in den Wald hinein. Dort halten wir uns mit den Markierungen Limesturm, »blauer Balken« und »schwarzer Punkt« wieder nach rechts und dann immer halbwegs geradeaus. Der Limesweg verabschiedet sich nach links (wir werden auf dem Rückweg auf ihm hierher zurückkehren) und daher folgen wir nur noch den beiden anderen Markierungen die nächsten 2 km bis zum **Forsthaus Butzbach (2)**.

Hier überqueren wir die L 3053 und folgen nun dem »schwarzen Dreieck« in den Wald hinein, wobei einige steile Passagen zu bewältigen sind. Hinter dem kleinen, mitten im Wald gelegenen Weiler **Oes** verabschiedet sich das »schwarze Dreieck« nach rechts, wir folgen ab dem kleinen Parkplatz dem »blauen X« und dem »blauen Balken« weiter geradeaus und stets bergan.

L 3053
Forsthaus
Butzbach
Schrenzerbad
0
500 m
Butzbach
250
Oes
Hausen
486
Hausberg
Hoch-Weisel

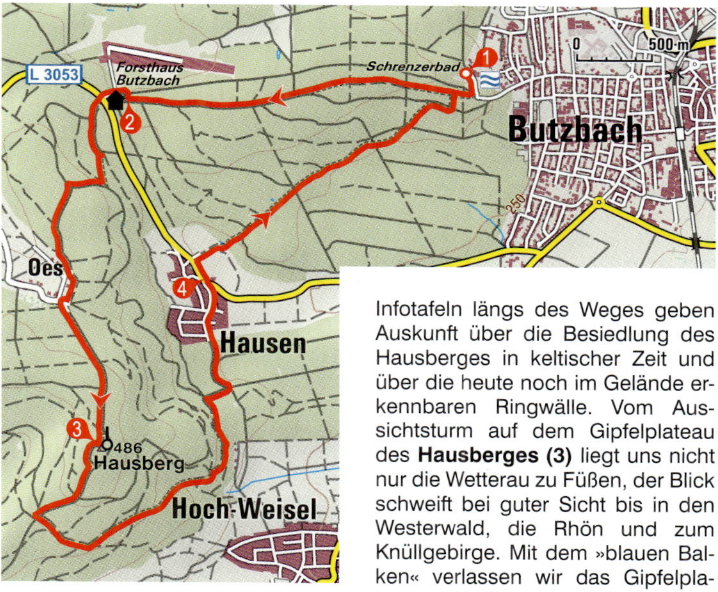

Infotafeln längs des Weges geben Auskunft über die Besiedlung des Hausberges in keltischer Zeit und über die heute noch im Gelände erkennbaren Ringwälle. Vom Aussichtsturm auf dem Gipfelplateau des **Hausberges (3)** liegt uns nicht nur die Wetterau zu Füßen, der Blick schweift bei guter Sicht bis in den Westerwald, die Rhön und zum Knüllgebirge. Mit dem »blauen Balken« verlassen wir das Gipfelplateau und halten uns auf dem breiten Schotterweg etwa 800 m hangabwärts, bis kurz vor einem größeren Wegkreuz ein schmaler Pfad mit Hirschkäfer-Markierung nach links abzweigt. Diesem Zeichen folgen wir nun bis zum nächsten größeren Wegkreuz, wo wir auf den »schwarzen Balken« stoßen. Diese Markierung weist uns nun bis kurz vor Hausen den Weg durch den Wald mit einigen steileren Passagen bergab. Dann treffen wir auf den Limesweg (Limesturm-Markierung), der uns durch **Hausen (4)**, über die L 3053 und eine Talaue samt Bächlein erneut in den Wald leitet und uns dem Limes immer näher bringt. Die letzte Etappe unserer Tour führt sogar auf dem alten Grenzwall selber entlang, bis wir kurz danach auf unseren Hinweg treffen. Der Limesweg führt uns zuverlässig zurück zum **Parkplatz** am **Schrenzerbad (1)**.

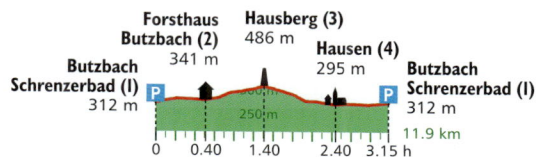

Forsthaus
Butzbach (2)
341 m
Hausberg (3)
486 m
Hausen (4)
295 m
Butzbach
Schrenzerbad (1)
312 m
Butzbach
Schrenzerbad (1)
312 m
P
P
250 m
11.9 km
0
0.40
1.40
2.40
3.15 h

Odenwald

Der Odenwald erstreckt sich auf einer Fläche von 2500 km² entlang der Grenze zwischen Hessen und Baden-Württemberg bis nach Bayern. Während die Bergstraße den Odenwald im Westen gegen die Rheinebene durch eine 65 km lange, mehr oder minder steile Abbruchkante begrenzt, sind die Grenzen im Norden, Osten und Süden weniger eindeutig markiert. Einzig der Main schneidet im Nordosten eine klare Linie in die Landschaft, die den Odenwald vom Spessart trennt. Ab Bürgstadt begrenzt zunächst das Erftal das hier schon flacher werdende Mittelgebirge. Der weitere Verlauf folgt der Linie Walldürn, Buch, Mosbach, bis im Süden der Kraichgau anschließt. Auch nach Norden hin verflüchtigt sich der Odenwald auf der Höhe von Darmstadt in immer flacheren Ausläufern mit einzelnen markanten Erhebungen.

Entstanden ist der aus Buntsandstein, Gneis, Granit und Vulkangestein bestehende Odenwald durch das Aufbrechen des Oberrheingrabens. Dies führte einerseits zum Nachrutschen von Oberflächengestein, andererseits zur Auftürmung der angrenzenden Berge um bis zu 2500 m. Drift und Abtragungsbewegungen führten fortan zu Senkungen und Zerklüftungen. Durch vulkanische Aktivität formten sich zudem Basalt-Vulkane, wie Katzenbuckel, Roßberg oder Otzberg. Das heutige Landschaftsbild ist geprägt durch einen Wechsel aus Bergen und Tälern, Wäldern, Wiesen und Ackerflächen. Auffal-

Lustgarten und Schloss Erbach.

lend ist die Vielzahl von Streuobstwiesen. Während Main und Neckar als weithin bekannte Flüsse das Odenwaldgebiet tangieren bzw. durchfließen, formten Weschnitz und Gersprenz im vorderen sowie Mümling im hinteren Odenwald die wichtigsten Taleinschnitte. Neben unzähligen Bächen sind Lauter, Modau und Erf als weitere wichtige Wasseradern zu nennen. Höchste Erhebungen sind der Katzenbuckel, 626 m,

Unterwegs im Felsenmeer.

und die Neunkircher Höhe, 605 m, die aber durch die Höhe des umliegenden Geländes weniger markant erscheinen als der Königstuhl bei Heidelberg, 568 m, oder der Melibokus, 517 m, an der Bergstraße.

Die Besiedelung des Odenwalds ist seit Jahrtausenden belegt, wobei Funde darauf schließen lassen, dass die Randbereiche mit ihren größeren Flüssen bevorzugt waren. Interessanterweise fanden die Römer den Odenwald als relativ dünn besiedeltes Gebiet vor, was vermutlich daran lag, dass germanische Stämme die Kelten nach Norden und Westen hin abgedrängt hatten. Dennoch bedurfte es der Anlage einer Grenze und einer Reihe von Kastellen. Später wurde der sogenannte Odenwaldlimes um etwa 30 km nach Osten verschoben. Nach den Römern drangen Alemannen in das Gebiet ein, später Franken, deren Herrschaft sich lange hielt. Unter ihrer Zentralgewalt kontrollierten große Klöster die Besiedlung und trieben die land- und forstwirtschaftliche Nutzung voran. Ab dem 16. Jh. war das Gebiet stark zergliedert und wurde von vielen größeren und kleineren Fürstentümern beherrscht. Zahlreiche Burgruinen, Schlösser, pittoreske Altstädte und Baudenkmäler von großer kulturgeschichtlicher Bedeutung bezeugen die bewegte Geschichte der Region. Besondere Beachtung verdienen Erbach, Michelstadt, Lindenfels, Schloss Lichtenberg, die Veste Otzberg, sowie Burg Frankenstein, Schloss Heiligberg, Schloss Auerbach, Schloss Schönberg, Zwingenberg, Heppenheim und Weinheim an der Bergstraße oder Dilsberg, Neckarsteinach, Hirschhorn und natürlich Heidelberg am Neckar.

Neben herausragenden Sehenswürdigkeiten besticht der Odenwald aber vor allem durch seine stimmungsvollen Wälder, markanten Felsen, stillen Täler und aussichtsreichen Höhenlagen.

Für Wanderer wurde ein über 10.000 km umfassendes Wegenetz angelegt. Neben den vielen örtlichen Wanderwegen durchziehen den Odenwald mehrere bestens ausgeschilderte Fernwanderwege, wie der Alemannenweg, der Burgensteig, der Nibelungensteig oder der Neckarsteig.

36 Burg Frankenstein und Schloss Heiligenberg

6.15 Std.

Burgen und Blüten der nördlichen Bergstraße

Diese Tour spiegelt den Facettenreichtum der nördlichen Bergstraße geradezu idealtypisch. Der Burgensteig führt uns in stetem Auf und Ab über weitläufige Kammlagen zu zwei Höhenburgen und einem Schloss; nach der Kehrtwende in Jugenheim durchstreifen wir auf dem Blütenweg beschauliche Orte, Streuobstwiesen und Auenwälder.

Ausgangspunkt: Darmstadt-Eberstadt, Friedhof am südlichen Ortsrand, 117 m. Erreichbar ab Frankfurt Hbf mit Bahn bis Darmstadt Hbf und Tram STR 1 bis Haltestelle »Friedhof«. Anfahrt mit PKW über A 5, Ausfahrt DA-Eberstadt, oder über B 3 (Navi: 64297 Darmstadt, Palisadenstraße).
Höhenunterschied: 600 m.
Anforderungen: Auf dem Burgensteig ergeben sich einige steilere Passagen. Hier und da sind die Wege recht wurzelig.
Markierung: Blaues B (Burgensteig), gelbes B (Blütenweg).
Einkehr Eberstadt, Burg Frankenstein, Jugenheim, Seeheim, Malchen.
Karte: Freizeitkarte 2 Nördlicher Vorderer Odenwald 1:20.000 (MeKi).
Information: Darmstadt Shop Luisencenter – Touristikinformation (Luisenplatz 5, 64283 Darmstadt, Tel. +49/6151/134513, www.darmstadt-tourismus.de).

Burg Frankenstein.

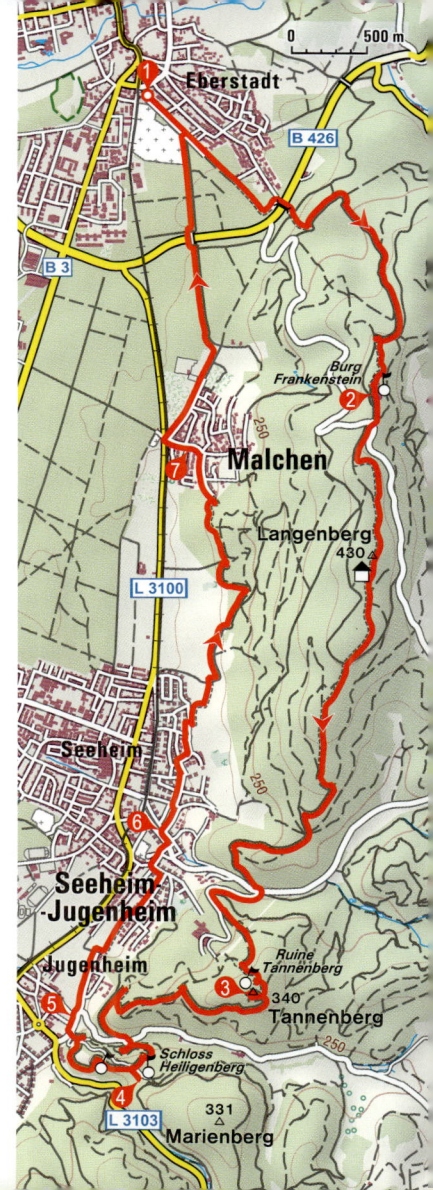

Unsere Wanderung beginnt südlich des Ortskerns von **Darmstadt-Eberstadt (1)**, wo vor dem **Friedhof** die Palisadenstraße von der Seeheimer Straße abzweigt. In gerader Linie leitet uns der Burgensteig (»blaues B«) in den Wald, quert mit einem Schlenker an der Fußgängerbrücke die Bundesstraße und steigt gleich dahinter kräftig an. Gut 2 km weiter taucht zwischen den Bäumen **Burg Frankenstein (2)** auf, die mit einem Bergfried, einen Torturm und einer Burgkapelle zu imponieren weiß. Obwohl es zu Mary Shelleys Roman »Frankenstein oder Der moderne Prometheus« keine über den Namen hinausreichende Verbindung gibt, finden auf der erstmals 1252 urkundlich erwähnten Wehranlage Halloweenpartys und Gruseldinner statt.

Auf dem Weg über der Bergkuppe passieren wir die sogenannten Magnetsteine, deren Gabbro-Anteil Kompassnadeln zum Tanzen bringt. Glücklicherweise ist der Weg gut markiert (weiterhin »blaues B«), wo er sich hinter der Schutzhütte in den querliegenden Taleinschnitt senkt, in dem wir die Landstraße nach Ober-Beerbach kreuzen. Der Gegenanstieg führt uns zur **Ruine Tannenberg (3)**, der nächsten einstigen Höhenburg im spannungsreichen nordwestlichen Odenwald. Mächtige Gebäudefundamente und Mauerreste zeugen von der Wehrhaftigkeit der Anlage, die 1230 erbaut wurde. Eine übermächtige Belagerung 1399 brachte die Mauern zum Einsturz, als ein »Frankfurter Geschütz« 170 kg schwere Kugeln

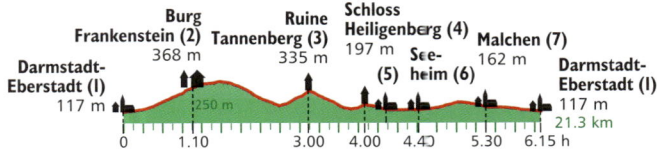

mit einem Durchmesser von 50 cm abfeuerte. Die Burg Tannenberg war damit eine der ersten deutschen Burgen, die nachweislich durch Feuerwaffen zerstört wurden.

Nach steilem Abstieg überqueren wir im schlauchförmigen Stettbacher Taleinschitt die Landstraße und folgen dem emporstrebenden Weg zum **Schloss Heiligenberg (4)**. Wir verlassen »blaues B« vorübergehend für einen Abstecher zu Schloss, Park, Klosterruine und Zentlinde. Es ist ein besonders stimmungsvoller Ort. Die Markierung »blaues B« führt uns nun weiter ins Ortszentrum von **Jugenheim (5)**, wo wir an der Hauptstraße auf das »gelbe B« des Blütenwegs treffen, der uns nach der waldreichen Höhenroute ein anderes, überaus liebliches Gesicht der Bergstraße zeigt. Jugenheim und **Seeheim (6)** durchstreifend führt uns der Blütenweg vorbei an Streuobstwiesen und zieht lediglich im Wald vor **Malchen (7)** noch einmal leicht bergan, um uns hinter dem beschaulichen Wohndorf im lichten, ebenen Waldstück zurück nach **Darmstadt-Eberstadt (1)** zu leiten.

Ausblick vom Höhenkamm an der Bergstraße.

5.00 Std. — Schloss Auerbach und der Melibokus — 37 TOP

Gipfelsturm mit zwei Burgen

Diese anspruchsvolle Wanderung führt uns zur höchsten Erhebung des bergstraßenseitigen Odenwaldes, wo sich vom Aussichtsturm ein herrlicher Weitblick bietet. Sowohl beim Aufstieg als auch auf dem Rückweg werden romantische Burgruinen passiert, welche die Bedeutung der Region in vergangenen Zeiten eindrucksvoll untermauern. Am Ausgangspunkt der Wanderung überzeugt das charmante Zwingenberg mit viel Fachwerk und einer sehenswerten Bergkirche.

Ausgangspunkt: Zwingenberg, am oberen Ortsrand (Straße »Die Lange Schneise«), 126 m. Erreichbar ab Frankfurt Hbf mit der Bahn (RB). (Navi: 64673 Zwingenberg, Die Lange Schneise.)
Höhenunterschied: 530 m.
Anforderungen: Ein langer Aufstieg zum Melibokus auf zumeist bequemen Wegen.
Markierung: Gelbes B (Blütenweg), 4, blaues B (Burgensteig), 6, SJ2, V, 8, 7, unmarkiertes Teilstück, blaues B, weißer Balken.
Einkehr: Zwingenberg, Schloss Auerbach, Melibokus (nur an Wochenenden und Feiertagen), Alsbacher Schloss (nur Fr–So und an Feiertagen).
Karte: Freizeitkarte 5 Bergstraße-Odenwald 1:20.000 (MeKi).
Information: Touristinformation Zwingenberg (Löwenplatz 6, 64673 Zwingenberg, Tel. +49/6251/984950, www.zwingenberg.de).

Unsere Wanderung beginnt oberhalb der Altstadt, wo entlang der Straße »Die Lange Schneise« letzte Häuser die Bebauung **Zwingenbergs (1)** gegen Wald, Obstwiesen und Weinberge abgrenzen. In südlicher Richtung folgen wir dem »gelben B« des Blütenwegs und erblicken hoch oben auf dem Berg schon bald die Türme von Schloss Auerbach. Der Weg folgt für gut 2 km auf mittlerer Höhe dem Hangverlauf. Wo »gelbes B« am Querweg im Wald unterhalb des Schlosses rechts talwärts führt, halten wir uns links und folgen den örtlichen Wegweisern (Markierung »4«) zum **Schloss Auerbach (2)**. Der kräftige Anstieg wird mit der Burgbesichtigung, einem herrlichen Ausblick vom Turm und einer möglichen Einkehr belohnt. Die imposante Anlage, in der heute wieder Ritterspiele stattfinden, stammt aus dem 13. Jh. Im lichten Laubwald leitet uns das »blaue B« des Burgensteigs zum

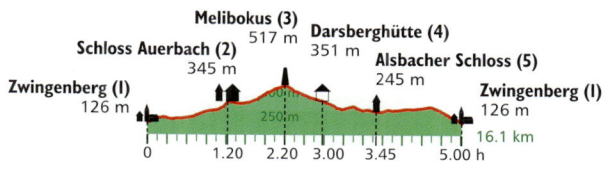

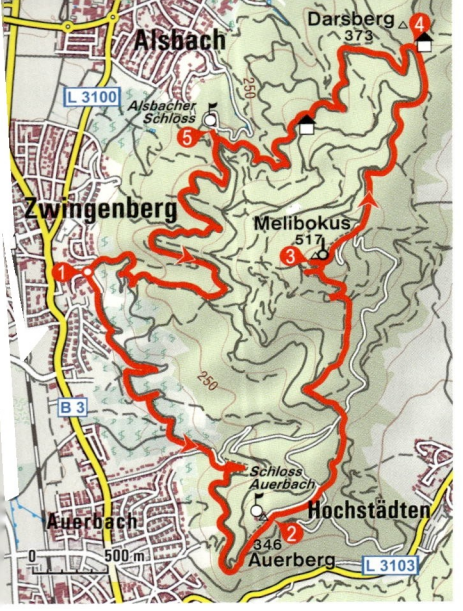

Wanderparkplatz »Not-Gottes-Kapelle« (Kapelle liegt etwa 300 m entfernt), von wo wir geradeaus den **Melibokus (3)** erklimmen (Markierung »6«). Vom leider nicht immer geöffneten Turm auf der höchsten Erhebung an der Bergstraße, 517 m, ist die Aussicht einfach grandios.

Die Markierung »6« bringt uns nun zur nächsten Weggabel (Schutzhütte), wo »SJ2« übernimmt und uns in nördlicher Richtung zur **Darsberghütte (4)** hinableitet.

Dort nehmen wir den mit »V« markierten, U-förmig nach links abknickenden Weg, der wenig später auf die Markierung »8« trifft. In etwa die Höhe haltend windet sich der Weg an der natürlichen Geländeformation entlang, bis wir am kleinen Bachlauf der Markierung »7« folgen (links halten). Am nächsten Bachlauf ca. 400 m hinter der Schutzhütte bleiben wir geradeaus gehend auf dem Hauptweg, der uns zum **Alsbacher Schloss (5)** bringt. Die Burg Bickenbach, so der ursprüngliche Name, wurde um 1235 erbaut und war bis etwa 1664 bewohnt. Danach war sie dem Zerfall preisgegeben. Seit 1997 kümmert sich ein Förderverein mit großem Erfolg um die Burganlage.

Nun führt uns auf 2,5 km wieder das »blaue B« des Burgensteigs südwärts, bis »weißer Balken« kreuzt und uns rechter Hand talwärts zurück nach **Zwingenberg (1)** leitet.

Schloss Auerbach mit Melibokus im Hintergrund.

3.30 Std.

Von Reichelsheim zur Burg Rodenstein 38

Zu trutzigen Burgen und fallenden Wassern

Die aussichtsreiche, durch offenes Grün und lichten Laubwald führende Rundwanderung wurde zurecht vom Odenwaldklub mit dem Qualitätssiegel »Wanderbarer Odenwald« ausgezeichnet. Sehr schöne Einkehrmöglichkeiten, eine alte Burgruine, ein kleiner Wasserfall und ein Schloss krönen das Wandererlebnis.

Ausgangspunkt: Reichelsheim (Odenwald), Heimatmuseum, 216 m. Erreichbar ab Frankfurt Hbf mit der Bahn bis Reinheim und Bus 693 bis Haltestelle »Reichenberghalle«. Mit PKW über B 38 (Navi: 64385 Reichelsheim, Rathausplatz).
Höhenunterschied: 290 m.
Anforderungen: Nach anfänglichem Anstieg zur »Freiheit« wenig beschwerlich, insgesamt gut ausgebaute Wege.

Markierung: R1.
Einkehr: Reichelsheim, »Freiheit«, Burg Rodenstein, Gasthaus Lortz, Schloss Reichenberg.
Karte: Freizeitkarte 2 Nördlicher Vorderer Odenwald 1:20.000 (MeKi).
Information: Gemeindeverwaltung Reichelsheim (Bismarckstraße 43, 64385 Reichelsheim, Tel. +49/6164/5080, www.reichelsheim.de).

Unsere stets mit »R1« markierte Wanderung beginnt am **Heimatmuseum** im alten Ortskern von **Reichelsheim (1)**. In westlicher Richtung der Bismarck- und Laudenauer Straße folgend verlassen wir zwischen Feldern und Wiesen den Ort. Auf der Anhöhe führt der Weg an einer Weggabel linker Hand in den Wald, um gleich danach die pavillonähnliche **Philipp-Göttmann-Hütte (2)** zu passieren. Einige Haken schlagend leitet uns die Wegmarkierung stets sicher zu einem aussichtsreichen Kammweg, der gut 1 km zur **»Freiheit« (3)** führt, wo ein sehr schöner Biergarten zur Einkehr lädt.

Oberhalb am Wanderparkplatz beginnt die Gefällstrecke, die im Wald am sogenannten **»Fallenden Wasser« (4)** vorbeiführt. Kaum einen halben Kilometer weiter stoßen wir auf die wirkmächtigen Überreste der **Burg Rodenstein (5)**. Die Herren von Crumbach und Rodenstein hatten die Feste um 1240 als Trutzburg gegen das Schloss Reichenberg errichtet. Ab dem 17. Jh. wurde die Wehranlage aufgegeben und als Steinbruch benutzt. Unterhalb des Gemäuers befindet sich ein Gasthaus. Ohne größere Höhenunterschiede zieht sich unser Weg durch den Wald und über einen Bergsattel,

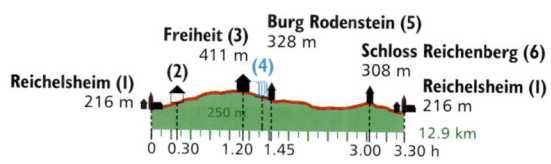

Burgruine Rodenstein.

bevor er die Landstraße erreicht, der wir 400 m talwärts folgen. Linker Hand zweigt nun ein Feldweg ab und führt uns auf der Anhöhe um ein Feld herum nach rechts. Nach Überqueren der Landstraße nähern wir uns hinter den Sportplätzen im rechten Winkel dem Schlossberg. Wir verlassen vorübergehend »R1«, um die aussichtsreiche Höhenlage zu erreichen. **Schloss Reichenberg (6)** entpuppt sich schließlich als ein gelungenes Zusammenspiel aus trutziger Wehranlage mit palastartigen Zubauten. Der Ursprung der Burg geht auf das Ende des 12. Jh. zurück. In ihrer wechselvollen Geschichte überstand die Anlage mehrere Angriffe und Belagerungen und wurde mehrfach umgebaut. Sehenswert ist auch die gotische Michaelskapelle neben dem Burgtor. Unterhalb des Schlosses zieht sich der Weg nun in gegenläufiger Richtung an der Hangflanke entlang und trifft an der Lichtung wieder auf die Markierung »R1«, die uns in mehreren Bogen zurück nach **Reichelsheim (1)** leitet.

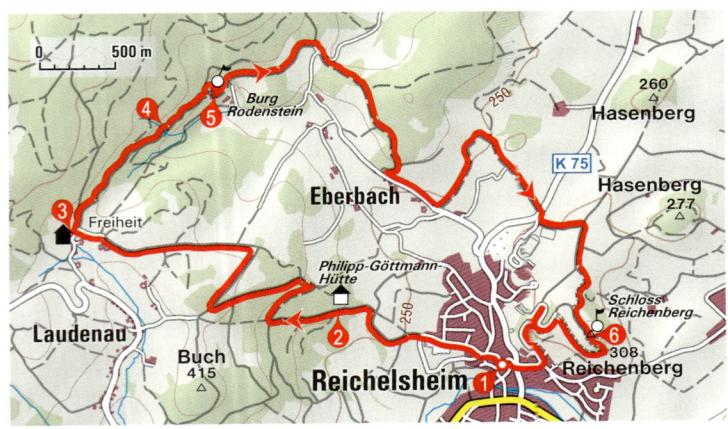

Rund um Erbach und Michelstadt — 39

4.30 Std.

Eine mitreißende Wanderung durch die Geschichte

Faszinierende Städte, herrliche Wälder, ein englischer Landschaftspark und prachtvolle Baudenkmäler prägen diese Wanderung im Herzen des Odenwaldes. Gegensätzlich und anziehend präsentieren sich Ausgangs- und Endpunkt der Tour: die Elfenbeinstadt Erbach mit dem neobarocken Schloss, der Orangerie und dem Garten sowie das mittelalterlich anmutende Michelstadt mit seinem spätgotischen Rathaus und Fachwerkhäusern in den engen Gassen.

Ausgangspunkt: Erbach (Odenwald), Marktplatz, 212 m. Erreichbar ab Frankfurt Hbf mit der Bahn (VIA) bis Bf Erbach. Anfahrt mit PKW über B 45 oder B 47 (Navi: 64711 Erbach, Marktplatz).
Endpunkt: Michelstadt, Bahnhof, 199 m. Rückfahrt nach Erbach mit Bus 3 oder Bahn (VIA), bzw. nach Frankfurt mit der Bahn (VIA).
Höhenunterschied: 310 m im Aufstieg, 330 m im Abstieg.
Anforderungen: Ein stetiger An- und dann Abstieg auf bequemen Waldwegen.
Markierung: Weiße Raute, gelbes Dreieck, gelbes Quadrat.
Einkehr: Erbach, Jagdschloss Eulbach, Michelstadt.
Karte: Freizeitkarte 6 Mittlerer Odenwald 1. 20.000 (MeKi).
Information: Touristik-Information Erbach (Marktplatz 1, 64711 Erbach, Tel. +49/6062/64880, www.erbach.de).

Die Tour beginnt auf dem **Marktplatz** von **Erbach (1)** direkt vor dem Schloss. Jenseits der Brücke über die Mümling wenden wir uns an der Hauptstraße nach links. Nach 100 m führt uns die Markierung »weiße Raute« die Pfarrgasse rechts hinauf. Die B 45 querend erreichen wir weiter oben den Friedhof, den wir rechtsseitig umgehen. Friedhof- und Dreiseetalstraße leiten uns schließlich aus dem Ort. Im von dicht bewaldeten Hangflanken gesäumten **Dreiseetal (2)** passieren wir drei Stauteiche, zwischen denen sich alte Wasserleitungsschächte befinden. Zwischen den Wiesen windet sich ein schmaler Bach, dem wir in einigem Abstand am linksseitigen Waldsaum folgen. Wo sich das Tal aufspaltet, halten wir uns stetig ansteigend links und erreichen nach etwa 2,5 km **Ernsbach (3)**. Im Dorfkern knickt der Weg rechts ab, um danach linker Hand (»Zum Oberdorf« und »Zum Löwengrund«) steil ansteigend in den Wald einzutau-

Die Einhardsbasilika in Michelstadt.

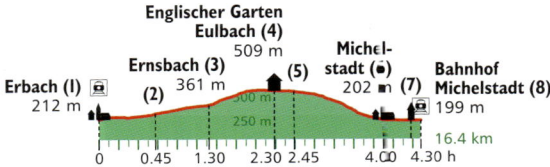

chen. Die Graf-Eberhard-Buche passierend führt uns »weiße Raute« zum **Jagdschloss Eulbach**. Sehenswert ist vor allem der **Englische Garten (4)** mit künstlicher Burgruine, Teich, Kapelle, römischem Wachturm und ausgedehnten Tiergehegen. Unterhalb des Parkplatzes befindet sich ein schönes Ausflugslokal.

Der mit dem »gelben Dreieck« markierte Weg nach Michelstadt, dem wir nun folgen, schlägt sich etwa 100 m links vom Eingang zum Landschaftspark in den stimmungsvollen Mischwald, wo wir am **Forsthaus Silvan (5)** vorbeikommen. Ab der Schutzhütte verlieren wir rasch an Höhe. Vom Waldrand aus geht es in gerader Linie zur **Altstadt** von **Michelstadt (6)**, wo Teile der alten Stadtmauer, die Kellerei, jede Menge Fachwerkhäuser und allen voran das berühmte Rathaus von 1484 unsere Anerkennung erwarten.

Über die »Große Gasse« und die Bahnhofstraße, wo die Markierung »gelbes Quadrat« unsere Wegführung übernimmt, gelangen wir zur Bahnlinie. Hinter dem Bahnübergang biegen wir nach 300 m rechter Hand in die Einhardstraße ein, um die **Einhardsbasilika** in Augenschein zu nehmen. Sie wurde im frühen 9. Jh. von Einhard, einem Hofgelehrten und Biographen Karls des Großen erbaut und ist eines der seltenen bis heute erhaltenen karolingischen Bauwerke. In unmittelbarer Nachbarschaft lohnt das **Schloss Fürstenau (7)** einen kurzen Besuch. Das Schloss, das im 14. Jh. zum Schutz des benachbar-

ten Klosters Steinbach und der umliegenden Güter gebaut wurde, ist heute in Privatbesitz und kann nur selten von innen besichtigt werden. Besonders faszinierend ist aber der frei zugängliche Hofbereich mit dem 1588 errichteten Prachtbogen.

Hinter der Brücke am sogenannten »Kavaliersbau« führen uns die Walther-Rathenau-Allee und ein Fußweg rechts schließlich zurück zum **Bahnhof** von **Michelstadt (8)**.

Schloss Fürstenau.

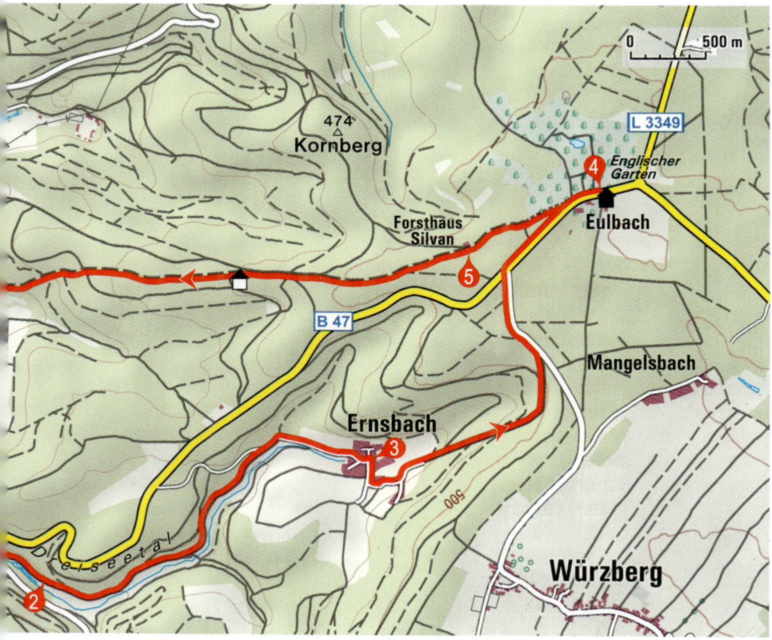

40 Unterwegs im Felsenmeer

2.45 Std.

Altarstein und Riesensäule

Die unfassbare Dichte mächtiger Felsbrocken lässt diesen Ort geradezu magisch erscheinen. Das Felsenmeer ist ein Touristen-Magnet, und wer die Einsamkeit liebt, sollte nicht an Wochenenden kommen. Andererseits wirken die Felsmassen gerade dann beeindruckend, wenn sie ameisengleich von großen und kleinen Menschen bekraxelt werden. Eine anfangs anspruchsvolle, später gemächliche, aber niemals langweilige Tour. Entstanden sind die Felsen in einer Abfolge von geologischen Prozessen, die vor etwa 340 Millionen Jahren begannen. Im Zuge der Kontinentalverschiebung kollidierten zwei Erdschollen im Bereich des heutigen Odenwaldes und türmten ein gewaltiges Gebirge auf. Vulkanische Aktivität schmolz Gesteinsmassen und ließ Magma aufsteigen, welches über 10 Millionen Jahre hinweg zu granitähnlichem Gestein erkaltete, dem Melaquarzdiorit. Bis zum Tertiär (vor etwa 50 Millionen Jahren) hobelten Gletscherverschiebungen und Witterung den Berg ab und sprengten Klüfte in den Fels. Eindringendes Wasser und Kies sowie die stete Bewegung der Erde mahlten die Felsen rund. Klimaschwankungen während der letzten Eiszeit (vor 110.000 bis etwa 10.000 Jahren) ließen die Blöcke talwärts rollen.

Ausgangspunkt: Lautertal-Reichenbach, Felsenmeer-Informationszentrum, 220 m. Erreichbar ab Frankfurt Hbf mit Bahn bis Bensheim und Bus 664 bis Haltestelle »Reichenbach Felsenmeer«. Anfahrt mit PKW über B 47 (Navi: 64686 Lautertal, Seifenwiesenweg).
Höhenunterschied: 340 m.
Anforderungen: Zuerst eine kräftige Steigung auf wurzeligen Wegen bis zur Höhe, dann gemächlich auf breiten Waldwegen.
Markierung: N (Nibelungensteig), SJ2, Re3 (Vogelleh-pfad), 2.
Einkehr: Am Ohlyturm, am Borstein.
Karte: Freizeitkarte 5 Bergstraße-Odenwald 1:20.000 (MeKi).
Information: Felsenmeer-Informationszentrum (Seifenwiesenweg 59, 64686 Lautertal, Tel. +49/6254/940160, www.felsenmeer-zentrum.de).

Ausgangspunkt der Wanderung ist das **Felsenmeer-Informationszentrum (1)** am nördlichen Ortsrand von **Lautertal-Reichenbach** (ggf. aus dem Ortszentrum der Beedenkirchener Straße und dem Seifenwiesenweg folgen). Bestens beschildert geht es auf dem Nibelungensteig gleich kräftig bergan. Die **Brücke (2)** überquert einen der eiszeitlichen Ergüsse. Insgesamt gab es an den Hängen des Felsbergs im Lautertal 18 Felsströme, von denen einige aber nicht mehr existieren.

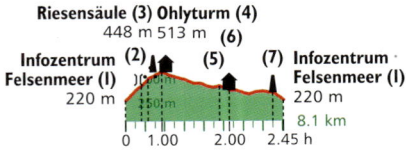

Über viele Jahrhunderte hinweg diente der Felsvorrat ganz selbstverständlich als Baumaterial und noch zu Beginn des letzten Jahrhunderts waren in der Gegend 800 Steinhauer tätig. Kurz hinter der Brücke rechts ansteigend erreicht man eine Schutzhütte mit Kiosk und vis-à-vis kann man dann gleich das bekannteste Fundstück der insgesamt 15 römischen Werkplätze in Augenschein nehmen, die **Riesensäule (3)**. Fachleute vermuten, dass sie am Ort ihrer Fertigung blieb, weil die ursprüngliche Absicht, sie zum Transport zu zerteilen, aufgrund der Gesteinsstruktur nicht möglich war. Am Felsenmeer befinden sich fast 300 solcher unfertigen oder beschädigten Werkstücke. Weiter oben passieren wir den Altarstein, bevor auf dem Höhenplateau nach einem Anstieg über fast 300 m eine Einkehrmöglichkeit lockt.

Die Riesensäule im Felsenmeer.

Hinter dem **Ohlyturm (4)**, der leider verschlossen ist, führt uns die Markierung »N« auf einem wurzeligen Waldweg gemächlich abwärts, bevor wir nach 1,2 km linker Hand auf »SJ2« wechseln. An der Wegspinne, die wir kurz danach erreichen, folgen wir der Markierung »roter Balken« nach rechts. Kurz hinter dem »Krokodil« (markanter Felsen), wo der Asphaltweg beginnt, machen wir rechts einen Abstecher zum Ehrenmal am **Teufelsstein (5)**, der sich als imposanter Felsen entpuppt. Der Asphaltweg, den wir kurz verlassen haben, führt nach 100 m zum Gasthaus **Borstein (6)**. Für den Rückweg zum Informationszentrum nehmen wir den Vogellehrpfad oberhalb des Borsteins. Die Wegmarkierung (»Re3«, später »2«) ist in diesem Bereich etwas dünn, man kann sich aber nicht verlaufen, wenn man dem Vogelweg durch weitere Geröllfelder folgt und sich am Wanderparkplatz links hält. Einen alten **Eulenturm (7)** passierend gelangen wir wieder zum **Informationszentrum (1)**.

Spessart

Neben Taunus und Odenwald ist der Spessart das dritte Mittelgebirge, das quasi direkt vor der Haustür von Frankfurt liegt. Seine Silhouette zeichnet sich am östlichen und südöstlichen Horizont ab und lädt zu ausgiebigen Wandertouren in einem der größten Laubwaldgebiete Deutschlands ein. Über die Autobahnen A 3, A 45 und A 66 sowie die Bahnstrecken Frankfurt–Würzburg und Frankfurt–Fulda ist der Spessart von Frankfurt aus verkehrstechnisch sehr gut angebunden. Für alle, die es lieber etwas gemütlicher angehen wollen, besteht zudem die Möglichkeit, mit einem Ausflugsdampfer auf dem Main von Frankfurt bis nach Aschaffenburg zu schippern und von dort weiter bis nach Miltenberg.

Das Waldgebirge Spessart war schon immer ein Grenzland, im Mittelalter teilten sich die Bistümer Mainz, Fulda und Würzburg sowie die Grafen von Rieneck das Territorium auf, heute die Bundesländer Bayern und Hessen. Der größere Teil des Spessarts liegt jedoch auf bayerischem oder genauer fränkischem Boden. Und diese administrative Zweiteilung drückt sich auch in der Existenz zweier Naturparks aus: im Norden der »Naturpark Hessischer Spessart«, im bayerischen Süden der »Naturpark Spessart«. Der Wanderer mag diese willkürlichen von Menschen gemachten Grenzziehungen nur am Rande wahrnehmen, denn für ihn ist der Spessart selbstverständlich eine ganzheitliche Naturlandschaft, die es allumfassend zu erkunden gilt. Daher wurden für diesen Wanderführer drei Touren im hessischen (Touren 43, 44, 45) und zwei Touren im bayerischen Spessart (Touren 41, 42) ausgewählt – sozusagen als Appetitanreger für viele weitere erlebnisreiche Wanderungen in einer der beliebtesten deutschen Wanderregionen. Von beiden Naturparks sowie von vielen Gemeinden und insbesondere vom Wanderverein Spessartbund wurden über 4000 km an markierten Wanderwegen ausgewiesen. Auch etliche attraktive Fernwanderwege führen durch den Spessart, manche davon wie der Eselsweg oder die Birkenhainer Straße verlaufen auf ehemaligen Handelsrouten, andere wie der Spessartbogen oder die Spessartwege 1, 2 und 3 erschließen landschaftliche und kulturelle Highlights. Den Freunden eines

Blick vom Hahnenkamm auf die bewaldeten Spessarthöhen.

guten Tropfens sei zudem der Fränkische Rotwein-Wanderweg von Großwallstadt nach Bürgstadt mehr als empfohlen. Seit vor einigen Jahren das Hauptwegenetz vom Spessartbund und vom Naturpark Spessart neu markiert wurde, ist es schier unmöglich, sich im Spessart zu verlaufen. An praktisch allen Wegkreuzen und Abzweigungen wurden hervorragend beschriftete und eindeutig mit Wegemarkierungen versehene Wegweiser aufgestellt. Ein im wahrsten Sinne des Wortes

Im Spessart kann man sich kaum verlaufen.

wegweisendes Pilotprojekt, das es so in anderen Mittelgebirgen kaum gibt. Außerdem widmen sich zahlreiche Kulturwege des Archäologischen Spessart-Projektes e. V. besonderen regionalen Aspekten der Kulturlandschaft Spessart. Ihr Logo, das bewusst der Europafahne angelehnt ist, begegnet einem im Spessart auf Schritt und Tritt.

Das einstmals Spechtshardt (Spechtwald) genannte Bergland wird von drei Flüssen begrenzt: im Osten, Süden und Westen von Main (daher auch der Name Mainviereck), im Norden von der Kinzig und im Nordosten von der Sinn. Geologisch und landschaftlich teilt man den Spessart in zwei Einheiten ein. Die größte Fläche nimmt der aus Buntsandstein bestehende **Hochspessart** ein, dessen Charakter vorwiegend durch abgerundete Bergkuppen geprägt wird. Er wird vom größten zusammenhängenden Laubwaldgebiet Deutschlands, überwiegend aus Buchen und Eichen, bedeckt. Daher bieten sich nur die wenigsten seiner Gipfel als Aussichtsberge an, auch der Geiersberg, mit 586 m die höchste Erhebung des Spessarts, ist völlig vom Wald bedeckt. An den Hängen längs des Mains wird seit vielen Jahrhunderten Wein angebaut, wobei auf den Buntsandsteinböden besonders Rebsorten für Rotweine gedeihen. Als **Vorspessart** wird die kuppige Hügellandschaft im Nordwesten zwischen den Städten Aschaffenburg, Alzenau und Schöllkrippen bezeichnet. Ihr Gesteinsaufbau setzt sich aus Gneisen, Glimmerschiefern und Quarziten des Erdaltertums, dem sogenannten Grundgebirge, zusammen. Höchster Punkt ist mit 436 m der Bergrücken des Hahnenkamms. Die westlichen Hanglagen zum Rhein-Main-Gebiet hin werden außer zum Ackerbau besonders für Streuobstwiesen genutzt, bei Alzenau-Hörstein wird auf den Urgesteinsböden sogar Wein angebaut. So hat der durstige Wanderer in diesem hessisch-fränkischen Übergangsgebiet die Wahl zwischen einem Glas Apfelwein oder einem Schoppen Frankenwein.

41 Von Alzenau auf den Hahnenkamm

5.00 Std.

Lohnende Fernsicht und sonnige Rebhänge

Man mag es kaum glauben, aber von Frankfurt sind es Luftlinie gerade mal 28 km bis zur bayerischen Grenze. Eine Tatsache, die man unbedingt für tolle Wandererlebnisse im Bayerischen Spessart nutzen sollte (s. auch Tour 42). Wir wandern vom unterfränkischen Städtchen Alzenau mit seiner malerischen Burg auf den Hahnenkamm, den höchsten Berg des Vorspessarts, und über die Weinhänge von Hörstein und Wasserlos zurück nach Alzenau. Eine Wald- und Weinwanderung für Genießer!

Ausgangspunkt: Alzenau, Parkplatz unterhalb der Burg, 122 m. Erreichbar ab Frankfurt Hbf mit Bahn über Kahl (umsteigen) bis Bahnstation »Alzenau Burg«. Anfahrt mit PKW über A 45, Ausfahrt Alzenau-Nord (Navi: 63755 Alzenau, Burgparkplatz).
Höhenunterschied: 450 m.
Anforderungen: Einige steile An- und Abstiege, teils auf naturbelassenen Pfaden, teils auf geteerten Flurwegen.

Markierung: Spessart-Kulturweg, Fränkischer Marienweg, roter Strich, Fränkischer Marienweg, roter Querstrich, roter Hase, Spessart-Kulturweg.
Einkehr: Alzenau, Berggasthof Hahnenkamm (Mo Ruhetag).
Karte: Topographische Freizeitkarte, Blatt 8, Alzenau (1:25.000, Main-Echo).
Information: Stadt Alzenau (Rathaus, Hanauer Str. 1, 63755 Alzenau, Tel. +49/6023/5020, www.alzenau.de).

Vom **Parkplatz** unterhalb der **Burg Alzenau (1)**, einstmals Verwaltungssitz der Kurbischöfe von Mainz, halten wir uns auf dem kombinierten Rad- und Wanderweg mit der Markierung des Kulturweges Spessart flussaufwärts entlang des Flüsschens Kahl. In **Kälberau** stoßen wir bei der **Wallfahrtskirche »Maria zum rauhen Wind« (2)** auf den Fränkischen Marienweg und folgen nun beiden Markierungen aus dem Ort hinaus. Ein schöner Hohlweg führt uns durch Sträucher und Streuobstwiesen in den Wald hinein, wo der Weg langsam ansteigt. Beim Wegweiser Oberrauschen biegt der Spessart-Kulturweg nach links ab, wir bleiben jedoch geradeaus weiter bergaufwärts auf dem Marienweg. Der nächste Wegweiser heißt zwar Hahnenkamm, aber noch sind wir nicht am Ziel. Zunächst biegen wir mit der Markierung »roter Strich« nach links ab und legen noch einige Meter zurück, bevor im Berggasthof **Hahnenkamm (3)** die wohlverdiente Rast winkt. Vom nahen **Ludwigsturm** reicht der Blick über die

Die malerische Burg Alzenau.

Alzenau
Kälberau
St 2444
Krebsbach
1
2
Hahnenkamm
435
3
250
343
Schanzenkopf
Wasserlos
Großhemsbach
Rückersbach
5
Stempelhöhe
420
Hörstein
St 2444
376
Scharfenstein
250
Hohl
St 2443
Schöne Aussicht
4
0
500 m

Alzenau (1)
122 m
(2)
Hahnenkamm (3)
435 m
250 m
Schöne Aussicht (4)
285 m
(5)
Alzenau (1)
122 m
17.3 km
0
0.30
1.30
3.15
4.10
5.00 h

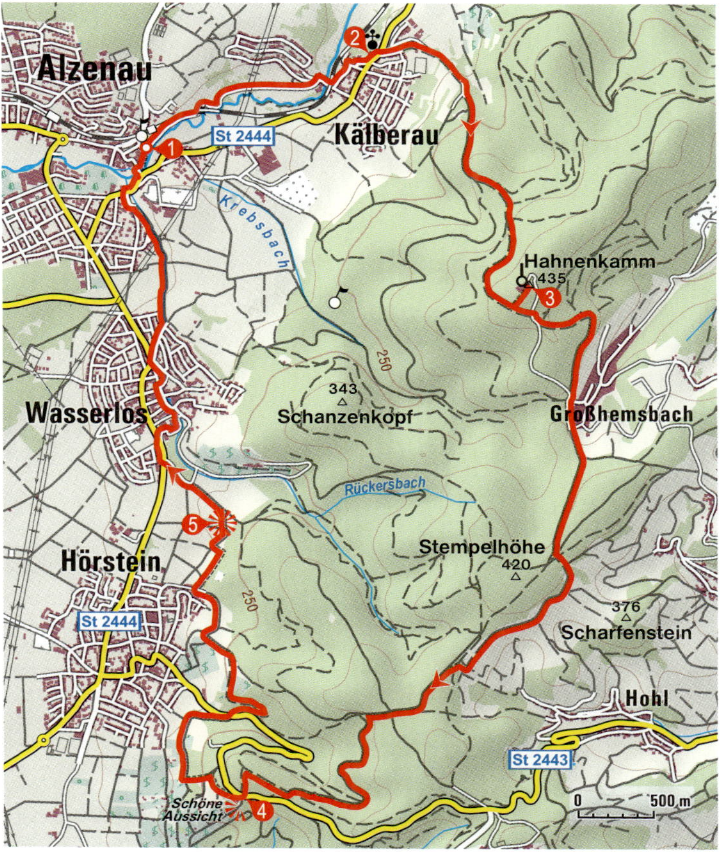

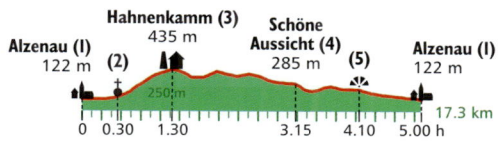

Der Ludwigsturm auf dem Hahnenkamm.

Spessarthöhen vom Odenwald bis zur Frankfurter Skyline und zum Taunus. Der höchste Berg des Vorspessarts ist damit einer der wenigen Aussichtsberge des gesamten waldreichen Mittelgebirges.

Wir kehren zurück zum Wegkreuz Hahnenkamm, schwenken dort links in den Marienweg ein und folgen diesem stetig abwärts durch den Wald, vorbei an Großhemsbach und dem Wegkreuz Stempelhöhe. Erst beim Wegkreuz Wüstenfeld verlassen wir den Marienweg, halten uns mit dem »roten Querstrich« geradeaus und folgen diesem Zeichen bis zur **»Schönen Aussicht« (4)**. Hier halten wir uns rechts und folgen nun der Markierung »roter Hase« durch den Wald in die Weinberge. Die Weinberge von Hörstein und Wasserlos sind die einzigen Weinlagen in Franken, wo die Reben auf Urgesteinsböden wachsen. Unser Weg führt am Hang entlang durch die Rebstöcke, bis er die Landstraße (St 2443) kreuzt und sich auf der gegenüberliegenden Straßenseite in engen Kehren den steilen Hang hochwindet. Oberhalb von Hörstein biegt der »rote Hase« nach links in den Ort hinein ab, wir folgen jedoch der Markierung eines Spessart-Kulturwegs bis zur **Panoramatafel (5)**, einem wunderschönen Aussichtspunkt, wo wir über die Weinberge hinweg ins Rhein-Main-Gebiet blicken. Die Kulturweg-Markierung führt uns weiter nach **Wasserlos**, durch den Ort und über die Feldflur zurück nach **Alzenau (1)** zum **Parkplatz** bei der **Burg**.

4.15 Std.

Rund um Schloss Mespelbrunn   42

Spessart-Romantik pur

Auf dieser Exkursion in den Bayerischen Spessart (s. auch Tour 41) geht es mitten ins Räuberland, wo der Mythos von den Spessarträubern bis heute touristisch gepflegt wird. Dessen reale Wurzeln gehen auf das 15. Jh. zurück, als vagabundierende Hussiten im Spessart Bevölkerung und Reisende mit Plünderungen in Angst und Schrecken versetzten. In späteren Zeiten machte die bittere Armut in vielen Spessartdörfern auch manchen Einheimischen zu einem Räuber. Als Drehort der freien Spielfilmadaption von Wilhelm Hauffs Roman »Das Wirtshaus im Spessart« ist seit 1958 Schloss Mespelbrunn im Elsavatal weltberühmt geworden und verkörpert seitdem die Spessart-Romantik schlechthin.

Ausgangspunkt: Mespelbrunn, Wanderparkplatz am südlichen Ortsausgang, 246 m. Erreichbar ab Frankfurt Hbf mit Bahn bis Aschaffenburg und Bus (Linie 40) bis Haltestelle »Einkaufscenter Mespelbrunn«. Anfahrt mit PKW über A 3, Ausfahrt Weibersbrunn (Navi: 63875 Mespelbrunn, Hauptstraße 282).
Höhenunterschied: 420 m.
Anforderungen: Wanderung mit wenigen steilen Passagen, meist auf naturbelassenen Waldwegen.
Markierung: Roter Querstrich, Fuchs, Spessartweg 2, rotes Kreuz, Fränkischer Marienweg, ohne Markierung, M2, NWW 3, roter Querstrich.
Einkehr: Hohe-Wart-Haus, Hessenthal (Goldener Löwe, Di Ruhetag).
Karte: Topographische Freizeitkarte, Blatt 5, Mespelbrunn (1:25.000, Main-Echo).
Information: Touristikverband e.V. Räuberland (Hauptstr. 16, 63872 Heimbuchenthal, Tel. +49/6092/1515, www.spessart-raeuberland.de).
Hinweis: Schloss Mespelbrunn kann im Rahmen einer Führung besichtigt werden (tägl. 9–17 Uhr, im Winter geschlossen, www.schloss-mespelbrunn.de).

Am Ortsende von **Mespelbrunn (1)** finden wir beim **Wanderparkplatz** mühelos den Einstieg in unsere Tour: Sowohl die Markierung »roter Querstrich« wie auch das Fuchs-Symbol führen uns zunächst parallel zur Elsava in Richtung Ortsmitte am Waldrand entlang, um uns dann beim Wegkreuz Elsavastraße nach links in den Wald zu weisen. Auf schönem naturbelassenen Pfad geht es stetig aufwärts, bis der Rücken der Polhöhe erreicht ist. Von hier ver-

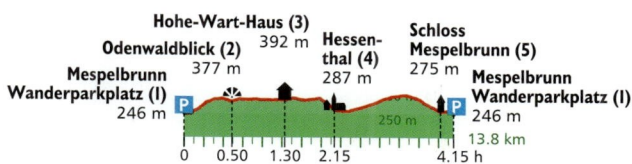

läuft unser Weg erst leicht abwärts, dann mehr oder weniger eben bis zum Wegkreuz **Odenwaldblick (2)**. Der Name ist hier tatsächlich Programm, denn der Blick über die Wiesen um Volkertsbrunn auf die Höhen des nicht allzu fernen Odenwaldes ist durchaus eine kurze Rast wert. Ab hier orientieren wir uns an den Markierungen »rotes Kreuz« und »Spessartweg 2« und gelangen nach etwa 2,5 km gemächlichen Waldwanderns zum **Hohe-Wart-Haus (3)**, das sich, idyllisch mitten im Wald gelegen, für eine herzhafte Brotzeit anbietet, im Sommer gerne auch im zugehörigen Biergarten.

Das »rote Kreuz«, der »Spessartweg 2« und die Markierung des Fränkischen Marienweges führen uns hangabwärts durch den Wald und dann über die Feldflur, vorbei an Kuhweiden hinein nach **Hessenthal (4)**. Dort sticht sofort die **Wallfahrtskirche** ins Auge. Sie ist die Grablege der Familie Echter von Mespelbrunn und birgt mit der Beweinung Christi ein Frühwerk von Tilman Riemenschneider. Nach der Besichtigung gehen wir ohne Markierung nach rechts die Hauptstraße entlang und biegen nach Passieren des Wegweisers Elsavabrücke bei erster Gelegenheit mit der Markierung »M2« nach links ab (Brunnenstraße). Nun geht es auf einem geteerten Flurweg, der zugleich als Stationsweg angelegt ist, aus dem Ort hinaus und erneut in den Wald hinein. Dabei sind bis zum Wegweiser Grohbrunn einige Höhenmeter zu überwinden. Mit der Markierung des Nordic-Walking-Weges 3 biegen wir dort rechts ab und folgen ab dem Wegkreuz Schutzhütte Königshöhe dem »roten Querstrich« stetig hangabwärts durch den Wald, bis wir vor **Schloss Mespel-**

Das Hohe-Wart-Haus lädt zur Einkehr ein.

brunn (5) stehen. Das im Renaissancestil erbaute Wasserschloss ist die wohl meistfotografierte Sehenswürdigkeit im ganzen Spessart. Es ist seit 1412 im Besitz der Familie Echter von Mespelbrunn, die es auch bis heute bewohnt (es werden aber Führungen durch den für die Öffentlichkeit zugänglichen Trakt angeboten). »Roter Querstrich« führt uns schließlich auf einem Damm zwischen den Seen ans andere Ufer, dann rechts am Waldrand entlang und an der Gruftkapelle vorbei zum **Wanderparkplatz** am Ortsende von **Mespelbrunn (1)**.

Spessart-Romantik: Schloss Mespelbrunn.

43 Von Gelnhausen in den Büdinger Wald

Über den Dächern von Gelnhausen

Obwohl üblicherweise die Kinzig die Grenze zwischen Spessart und Vogelsberg markiert, wird der Büdinger Wald, nördlich des Flusses gelegen, noch dem Spessart zugerechnet. Dies lässt sich geologisch begründen, da sein Gesteinsaufbau aus rotem Buntsandstein dem des Hochspessarts entspricht. Idealer Ausgangspunkt für eine Tour durch den Büdinger Wald ist die Barbarossastadt Gelnhausen mit ihrem mittelalterlichen Stadtbild. Die Altstadt mit Unter- und Obermarkt, der imposanten Marienkirche und unzähligen malerischen Fachwerkhäusern ist absolut sehenswert. Und unvergesslich ist der Blick vom Stadtgarten aus über die Dächer der Stadt.

Ausgangspunkt: Gelnhausen, Untermarkt, 146 m. Erreichbar ab Frankfurt Hbf mit der Bahn bis Bf Gelnhausen. Anfahrt mit PKW über A 66, Ausfahrt Gelnhausen West (Navi: 63571 Gelnhausen, Untermarkt).
Höhenunterschied: 280 m.
Anforderungen: Wanderung mit einigen steilen An- und Abstiegen, meist auf naturbelassenen Waldwegen, im Stadtgebiet von Gelnhausen auf Asphaltwegen.
Markierung: Grünes Kreuz, ohne Markierung, blauer Punkt, rote 4, grünes Kreuz, rote 5.
Einkehr: Gelnhausen, Blockhaus (Sa und Mo ab 12 Uhr geöffnet, So ab 10 Uhr), Gelnhausen-Roth (»Zum Paradies«, Abstecher vom ehem. Waldschwimmbad).
Karte: Topographische Freizeitkarte, Blatt 9, Kahlgrund (1:25.000, Main-Echo).
Information: Tourist-Information Gelnhausen (Obermarkt 7, 63571 Gelnhausen, Tel. +49/6051/830300, www.gelnhausen.de).

Vom **Untermarkt** in **Gelnhausen (1)** biegen wir rechts in die Petersiliengasse ein, passieren die Marienkirche und erreichen links über die Pfarrgasse den Obermarkt. Hier biegen wir mit der Markierung »grünes Kreuz« rechts hangaufwärts in die Holzgasse ab und durchschreiten das »Innere Holztor«. Dahinter biegen wir gleich in den kleinen Weg nach rechts ein, fürs Erste ohne Markierung. Jetzt laufen wir durch den Stadtgarten und entlang der alten Stadtbefestigung; von hier oben liegt einem die ganze Altstadt von Gelnhausen zu Füßen. Besonders eindrucksvoll ist die Aussicht vom **Halbmond (2)**, einem ehemaligen Wachturm. Hier nehmen wir links den Fußweg hangaufwärts, dann links den Kapellenweg und bei der Godobertuskapelle (älteste Kirche im Kinzigtal) rechts den Godobertusweg, der in den Arnsbur-

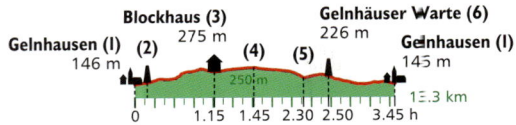

ger Weg übergeht. Ab hier führt uns die Markierung »blauer Punkt« zunächst auf Asphalt, dann auf einem schmalen, unbefestigten Pfad aus dem Ort hinaus, später gesellt sich die »rote 4« des Panoramaweges dazu. (Wer sich die Godobertuskapelle nicht ansehen möchte, kann nach dem Halbmond abkürzen und gleich rechts hoch in den Heinrich-Vingerhut-Weg einschwenken und an dessen

Fachwerkhäuser am Untermarkt.

Ende dem »blauen Punkt« nach rechts folgen.) Zunächst geht es steil bergan, dann folgt eine längere Passage mit nahezu ebener Wegführung durch den Wald, linker Hand tauchen immer wieder Reste von Steinmauern in der Böschung auf und ein ehemaliger Buntsandstein-Steinbruch springt als markanter Geländepunkt ins Auge. Beim nächsten Wegkreuz biegen wir links in den sogenannten Nickerstallweg ein und folgen diesem in einigen Schleifen bergauf. Dann biegen wir mit der »roten 4« links ab und wandern vorbei am zugewachsenen Aussichtspunkt Heinrichskanzel und dem Schillerstein etwa 1,5 km durch den Wald bis zum Wegkreuz kurz vor dem **Blockhaus (3)**. Wer bei dem beliebten Ausflugsziel rasten möchte, geht einige

Über den Dächern von Gelnhausen.

Meter nach links, ansonsten biegen wir rechts ab und orientieren uns nun am »grünen Kreuz«, das hier wieder zu uns stößt. Beim nächsten Wegkreuz mit der Stundenbank biegen wir links ab, auch wenn das »grüne Kreuz« hier fehlt (es taucht aber nach einigen Metern wieder auf). Vorbei an Altem und Neuen Schulfestplatz erreichen wir nach etwa 2 km das **Wegkreuz (4)** bei der **Kuhruh**, mit 333 m einer der höchsten Punkte des Büdinger Waldes.
Hier biegen wir mit »grünem Kreuz« und »roter 5« links ab und wandern bei der nächsten Gabelung mit »roter 5« geradeaus weiter, während sich das »grüne Kreuz« hier nach rechts verabschiedet. Unser Weg beschreibt nun eine lange Linkskurve durch einen Hohlweg und führt zum **ehemaligen Waldschwimmbad (5)**, das heute unter anderem als Kinderspielplatz genutzt wird. (Wer Lust auf eine Einkehr hat, folgt hier dem Sträßchen bis zu einer Abzweigung nach rechts und gelangt nach etwa 300 m zur Gaststätte »Zum Paradies« auf dem Herzberg.) Wir halten uns links am Gelände des Waldschwimmbades vorbei und folgen der »roten 5« erneut in den Wald hinein. Der Weg steigt zunächst etwas an und windet sich dann in mehreren Biegungen durchs Gehölz. Auf einer Freifläche passieren wir den Solarpark Wartturm und erkennen links des Weges etwas von Bäumen verdeckt die alte **Gelnhäuser Warte (6)**. Von hier führt uns die »rote 5« zuverlässig zurück nach **Gelnhausen (1)** hinunter bis zum »Äußeren Holztor«. Hier gehen wir rechts die Holzgasse hinunter zurück zum **Untermarkt**.

5.00 Std.

Von Bad Orb nach Kassel (Biebergemünd) 44

Auf dem Spessartbogen nach Kassel

Salzgewinnung aus solehaltigen Wässern wurde in Bad Orb bereits seit dem Mittelalter betrieben und bescherte dem Ort eine florierende Wirtschaft. Auf dem Eselsweg wurde das »weiße Gold« nach Miltenberg zur Verschiffung auf dem Main transportiert. Der Wandel zur Kurstadt setzte 1837 ein, als der Apotheker F. L. Koch eine Solebadeanstalt eröffnete, aus der ab etwa 1900 ein professioneller Kurbetrieb hervorging. Seit 1909 ist Bad Orb ein staatlich anerkanntes Heilbad. Frankfurter Schüler kennen den Ort jedoch eher durch das nahegelegene Schullandheim Wegscheide, denn eine Klassenfahrt dorthin gehört zum Pflichtprogramm der großstädtischen Grundschulen. Der normale Wanderer genießt dagegen die Waldeinsamkeit rund um den idyllisch gelegenen Badeort. Natürlich geht es auf dieser Tour nicht in die Stadt Kassel, sondern in den gleichnamigen Ortsteil der Gemeinde Biebergemünd.

Ausgangspunkt: Bad Orb, Alter Bahnhof, 167 m. Erreichbar ab Frankfurt Hbf mit Bahn bis Bf Wächtersbach, von dort zu Fuß (2 Min.) zum Busbahnhof und mit Bus MKK81 bis Busbahnhof Bad Orb. Anfahrt mit PKW über A 66, Ausfahrt Bad Orb /Wächtersbach (Navi: 63619 Bad Orb, Bahnhofstraße 1).
Höhenunterschied: 370 m.
Anforderungen: Wanderung mit wenigen steilen Passagen, teils auf naturbelassenen Waldwegen, teils auf geteerten Flurwegen.
Markierung: Ohne Markierung, rotes X, Spessartbogen, roter Balken, ohne Markierung, roter Querstrich.
Einkehr: Bad Orb, Günthersmühle, Kassel (Biebergemünd).
Karte: Topographische Freizeitkarte, Blatt 12, Bad Orb (1:25.000, Main-Echo).
Information: Tourist-Information Bad Orb (Kurparkstr. 2, 63619 Bad Orb, Tel. +49/6052/830, www.bad-orb.info).

Wir starten am **Alten Bahnhof** in **Bad Orb (1)** und biegen von der Bahnhofstraße rechts in die breite Frankfurter Straße ein und dann gleich wieder links in den Burgring.

Der alte Wartturm auf dem Molkenberg.

Hofgut Altenburg.

Hier entdecken wir die Markierung »rotes X« und folgen ihr hangaufwärts, bis hinter dem Friedhof die Molkenbergstraße nach rechts abzweigt. Jetzt lassen wir uns vom Symbol des Spessartbogens führen, und zwar gleich ziemlich steil hoch auf den **Molkenberg (2)**, mit herrlichem Blick vom alten Wartturm auf Bad Orb und Umgebung. Über Streuobstwiesen geht es weiter bis zum Wegkreuz Nördlicher Bocksberg, wo am Wegesrand eine kleine Holzkapelle steht. Hier gesellt sich der »rote Balken« hinzu, sodass wir nun gleich zwei Markierungen zuverlässig durch den Wald folgen können, erst steil bergauf bis zur Passhöhe des Hubertsberges, dann entsprechend wieder abwärts (Vorsicht, Rutschgefahr!) bis zum **Wegkreuz Alteburg Ringwall (3)**. Wer sich den teilweise rekonstruierten Ringwall aus keltischer Zeit ansehen will, muss auf die Alteburg hochsteigen und auf gleichem Weg zurück.
Wir folgen vom Wegkreuz weiter dem »roten Balken« (der Spessartbogen macht einen kleinen Umweg nach links um die Kuppe der Alteburg herum und stößt beim Anwesen Alteburg wieder zu uns). Über eine Auen- und Wiesenlandschaft geht es zur **Günthersmühle (4)**, wo ein Naturfreundehaus eine willkommene Einkehrmöglichkeit bietet. Ab hier orientieren wir uns nur noch an der Markierung des Spessartbogens, die uns zunächst über den Kasselbach und seine breite Talaue leitet. Über Forsthaus und Rietmühle er-

reichen wir in mehreren Abbiegungen ein kleines Sträßchen, dem wir nach rechts folgen. Nach wenigen Metern weist uns unser Zeichen links in den Wald und führt uns parallel zum Sträßchen an den Ortsrand von Kassel. Der Spessartbogen biegt dort nach links ab, wir laufen aber ohne Markierung die Hochstraße hinunter, biegen links in die Villbacher Straße ein und halten uns in Richtung Hauptstraße, der wir nach rechts, vorbei an Barockkirche und **Marktplatz** von **Kassel (5)** folgen.

Beim Orber Weg biegen wir rechts ab und folgen ab hier der Markierung »roter Querstrich« aus dem Ort hinaus auf die unbewaldete Hochfläche. Nach einigen Metern gelangen wir erneut in einen Wald, wo wir das idyllische Tal des Hirschbaches queren und einige Höhenmeter bewältigen müssen. Schließlich führt uns der »rote Querstrich« über eine von Feldern und Weiden bestandene Hochfläche vorbei am **Hofgut Altenburg (6)** mit seinem Reiterhof. Auf einem Sträßchen halten wir uns stetig hangabwärts, bis dieses kurz vor dem Ortsrand von Bad Orb in die L 3199 mündet. Dieser folgen wir nach rechts in den Ort hinein zurück zum **Alten Bahnhof** in **Bad Orb (1)**.

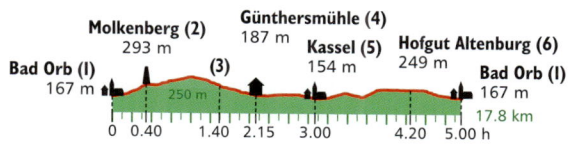

TOP 45 Auf dem Wartenweg rund um Steinau an der Straße

7.00 Std.

Vier Warten und ein Märchenschloss

Steinau an der Straße ist besonders bei Märchen-Fans berühmt, weil hier die Brüder Grimm einen Teil ihrer Kindheit verbrachten. Sehenswert ist der Ort darüber hinaus wegen seiner malerischen Altstadt und des im 16. Jh. von den Hanauer Grafen errichteten Schlosses. Quasi als äußeres Vorwarnsystem wurden bereits um 1430 vier Warten oder Wachtürme rund um die Stadt errichtet, um die Bevölkerung rechtzeitig vor Überfällen warnen zu können. Heute ermöglicht ein erlebnisreicher Wanderweg eine Tour von Warte zu Warte. Herrliche Ausblicke ins Kinzigtal, auf Spessart, Vogelsberg und Rhön sind dabei garantiert.

Ausgangspunkt: Steinau an der Straße, Bahnhof, 193 m. Erreichbar ab Frankfurt Hbf mit der Bahn (RE). Mit PKW über A 66, Ausfahrt Steinau a. d. Straße (Navi: 36396 Steinau an der Straße, Bahnhofstr. 40).
Höhenunterschied: 520 m.
Anforderungen: Sehr lange Wanderung mit einigen steileren An- und Abstiegen, überwiegend auf geteerten Flurwegen, Kondition erforderlich.
Markierung: Schwarzer Turm, W4, Lehrpfad des Bund Naturschutz, ohne Markierung, W4, W1, schwarzer Turm.

Einkehr: Brathähnchenfarm, Steinau, Seidenroth (Eulenspiegel).
Karte: RTK Rad- und Wanderkarte 408 Vorderer Vogelsberg 1:40.000.
Information: Verkehrsbüro Steinau an der Straße (Brüder-Grimm-Str. 70, 36396 Steinau an der Straße, Tel. +49/6663/96310, www.steinau.de).
Hinweis: Die Teufelshöhle kann im Rahmen einer Führung besichtigt werden (www.tropfsteinhoehle-steinau.de).
Varianten: Abkürzungen über W3 und W2 möglich.

Schloss Steinau ist eine Besichtigung wert.

Von der Nordseite des **Bahnhofs Steinau (1)** im Industriegebiet Steinau-West folgen wir der Markierung »schwarzer Turm« stetig hangaufwärts aus dem Industriegebiet hinaus auf die Feldflur und rechts parallel zur A 66, die wir links auf einem Fußgängersteg überqueren. Unser Weg windet sich dann als geteerter Flurweg den Hang hoch zur Waldsiedlung **Am Berg** mit sehenswerten Villen. Bei der großen Kreuzung gehen wir geradeaus und nach einigen Metern rechts in den Wald hinein (Wegweiser »Tropfsteinhöhle«). Beim nächsten Wegkreuz folgen wir der Beschilderung »Bergweiher« nach links und genießen kurz darauf den Blick auf die mit Seerosen bedeckte Wasseroberfläche. Zurück auf dem Hauptweg folgen wir weiter dem »schwarzen Turm« durch den Wald, bis schließlich eine Holztreppe steil hangabwärts zum Eingang der **Teufelshöhle (2)**, Hessens einziger Tropfsteinhöhle, führt.

Von hier geht es weiter abwärts bis zur Bushaltestelle an der L 3179. Wir müssen nach links abbiegen und etwa 800 m der Straße folgen (Vorsicht, Autoverkehr!), bis endlich ein Weg nach rechts abbiegt (Wegweiser »Schafsteig«) und uns die Böschung hinab ins wildromantische Tal des Steinebaches führt. Diesen queren wir über den hölzernen Schafsteig und steigen am anderen Ufer wieder steil bergauf. Danach geht es erst einmal wieder halbwegs eben für etwa 1,5 km

Die Bellinger Warte versteckt sich in einem Wäldchen.

durch den Wald. An dessen Rand bei einem einzeln stehenden Haus (man hört hier schon deutlich den Verkehrslärm der nahen A 66 und der Bahnlinie) biegen wir mit der Markierung »W4« nach links zur **Ohlwarte (3)** ab, wobei wir einen ehemaligen Basaltsteinbruch passieren und einen schmalen Pfad bergauf nehmen. Die Warte steht mitten im Wald und bietet längst keine Aussicht mehr. Wir kehren zurück auf den Hauptweg, biegen nach dem Steinbruch mit einer Markierung des Bund Naturschutz nach links ab und folgen diesem Pfad bis zur Ausflugsgaststätte **Brathähnchenfarm (4)**.

Von hier führt ein Sträßchen gerade den Hang hinunter und macht kurz vor der A 66 bei der Ruine der ehemaligen Verladestation des Basaltbruches einen Rechtsknick. Bei der nächsten Kreuzung taucht die Markierung »W4«

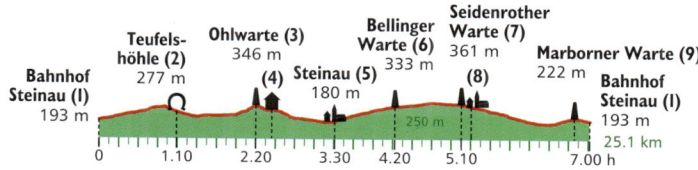

Die Seidenrother Warte.

wieder auf, die uns links über Bahnlinie, Autobahn und Feldflur nach **Steinau an der Straße (5)** führt. Vor dem Rathaus biegen wir links ab und folgen den Markierungen »W1« und »schwarzer Turm« ortsauswärts. Es geht auf einem geteerten Flurweg stets hangaufwärts auf das Hochplateau, von wo sich immer wieder wunderschöne Aussichten auf Steinau mit dem Vogelsberg im Hintergrund ergeben. Hinter einer Kleingartenanlage wandern wir links über die Wiesenflur und am Segelfluggelände »Am Entenbusch« vorbei. Beim Wegkreuz nach dem Insektenhotel halten wir uns geradeaus, auch wenn hier eine klare Markierung fehlt. Wir überqueren die L 3196 und gehen am Wanderparkplatz vorbei über die Hochfläche zur **Bellinger Warte (6)**, die sich zwischen Bäumen versteckt. Hier besteigen wir den Turm und genießen den Ausblick auf Steinau.

Zurück auf dem Hauptweg geht es mit »schwarzem Turm« und ab hier auch mit dem »E« für den Eselsweg über die Feldflur und erneut über die L 3196 zum Erlebnispark Steinau. Hier halten wir uns rechts und wandern am Kletterwald vorbei durch ein Wäldchen und dann auf einem Schotterweg über Wiesen zur **Seidenrother Warte (7)**. Der Panoramablick von ihrer Aussichtsplattform in alle Himmelsrichtungen ist einmalig schön. Der Eselsweg biegt gleich hinter der Warte links ab, wir folgen aber weiter dem »schwarzen Turm« hangabwärts nach **Seidenroth (8)**. Hier bietet sich die originelle Gaststätte Eulenspiegel für eine ausgiebige Pause an. Gleich hinter der Schenke geht es nach links ab und dann zuverlässig geleitet vom »schwarzen Turm« über Felder und durch einen Wald, bis die K 987 überquert werden muss. Beim Reiterhof Kinzigtal halten wir uns in Richtung Kinzigtalsperre und laufen dann nach rechts auf den Bahndamm zu, den wir durch einen Fußgängertunnel unterqueren. Wir müssen nun ein Stück parallel zur vielbefahrenen A 66 laufen und gelangen dann rechts zur **Marborner Warte (9)**, die leider nicht bestiegen werden kann. Von ihr geht es auf einem hohlweggähnlichen Weg zur L 3195 hinunter. Hier müssen wir aufpassen, denn die einzig erkennbare Markierung ist »W3«, aber die führt nach rechts zurück in die Ortsmitte von Steinau. Wir gehen hingegen geradeaus in die Dr.-Rudolf-Hedler-Straße, die uns zurück zum **Bahnhof Steinau (1)** führt.

Vogelsberg

Obwohl etwa 60 km Luftlinie von Frankfurt entfernt und nicht mehr zum Rhein-Main-Gebiet zählend, darf der Vogelsberg in diesem Wanderführer nicht fehlen. Er gehört zu den schönsten Wandergebieten in Hessen und von seinen höchsten Gipfeln schweift der Blick bei guter Sicht am Horizont bis zur Skyline der Mainmetropole. Außerdem erwarten den Wanderer viele weitere herrliche Weitblicke sowie vielfältige Landschaftseindrücke: dichte Buchenwälder auf den Höhen, Magerrasen und buntblühende Wiesen an den Berghängen, sprudelnde Bäche, Seen und Teiche sowie Überbleibsel eines Urwaldes und ein Hochmoor, dazu viel Fachwerkromantik in den malerischen Ortschaften. Und dann vor allem immer wieder Basalt in allen erdenklichen Erscheinungsformen: moosüberwucherte Basaltfelsen, Basaltsäulen, meterhohe Basaltwände oder zu Blockschuttfeldern verwitterte Basaltbrocken in allen Größen. Das dunkelgraue Eruptivgestein ist im Vogelsberg omnipräsent und gibt Auskunft über die vulkanische Entstehung des Mittelgebirges. Vor etwa 18,2 bis 16,3 Millionen Jahren drang in der Tertiärzeit, genauer im Miozän, an einem Kreuzungspunkt zweier tektonischer Schwächezonen basaltisches Magma in zahlreichen Schloten an die Erdoberfläche und bedeckte in mehreren Ausbruchsphasen ein Gebiet von mehreren Tausend Quadratkilometern. In der Folgezeit wurden große Bereiche dieser Basaltdecke von der Erosion abgetragen, doch einzelne Basaltvorkommen in der Wetterau bis ins Rhein-Main-Gebiet hinein sind ein Indiz für ihre einstmals größere Ausdehnung. Mit der heute noch verbliebenen Fläche von etwa 2500 km² und einem Durchmesser von etwa 65 km ist der Vogelsberg dennoch der größte zusammenhängende Vulkankomplex in Mitteleuropa.

Der zum Osthessischen Bergland gehörende Vogelsberg wird im Westen vom Lahntal und vom Gießener Becken begrenzt, im Norden von der Oberhessischen Schwelle, im Osten vom Fuldaer Becken und im Südwesten von der Wetterau. Im Südosten und Süden besteht eine Verbindung über die Hessischen Landrücken mit Spessart und Rhön. Das Herzstück des Vogelsberges ist der **Oberwald** mit seinen dichten Buchenwäldern und den höchsten Erhebungen Taufstein, 773 m, Hoherodskopf, 764 m, und Herchenhainer Höhe, 733 m. Das Klima ist hier für hessische Verhältnisse durchaus als rau zu bezeichnen, die Frühjahrsblüte setzt hier mindestens zwei bis drei Wochen später ein als im Flachland. Die Winter sind meist schneereich, wobei der Klimawandel der letzten Jahre auch vor dem Vogelsberg nicht Halt macht. Ferner ist das Mittelgebirge mit einem Jahresniederschlag von bis zu 1200 mm eine der regenreichsten Regionen Hessens. Zahlreiche im Oberwald entspringende Quellen machen den Vogelsberg zu einem der größten Trinkwasserspeicher für Frankfurt und das Rhein-Main-Gebiet. Unter anderem haben auch die Flüsse Nidda, Nidder, Wetter, Ohm und Schwalm hier

Basaltfelsen am Gipfel des Diebsteins.

ihren Ursprung. Bereits 1958 wurde der Oberwald mit angrenzenden Gebieten als Naturpark Hoher Vogelsberg ausgewiesen und für Erholungssuchende und Wanderer touristisch erschlossen. Auch die Tourenauswahl in diesem Wanderführer begrenzt sich bewusst auf diesen spektakulärsten Teil des Vogelsberges. Aber es soll nicht unerwähnt bleiben, dass auch der **Untere Vogelsberg** zwischen Mücke, Homberg (Ohm) und Alsfeld sowie der Lauterbacher Graben rund um den gleichnamigen Ort jede Menge Möglichkeiten für erlebnisreiche Wandertouren bieten.

Dass im gesamten Vogelsberg und in der Wetterau mehr als 3000 km markierte Wanderwege zur Verfügung stehen, ist dem Vogelsberger Höhen-Club (VHC) und seinen ehrenamtlichen Wegewarten zu verdanken. Neben einer Vielzahl von lokalen Rundwegen führen auch zahlreiche Fernwanderwege durch den Vogelsberg, unter anderem die Bonifatius-Route, der E3 Atlantik–Ardennen–Böhmerwald (zugleich auch als Jakobsweg markiert) oder der Lahn-Kinzig-Weg. Und als Nonplusultra lockt der Vulkanring Vogelsberg, auch »Ring of Fire« genannt, den Hohen Vogelsberg auf einer 115 km langen Rundtour in Etappen zu umwandern und dabei die landschaftlichen Highlights kennenzulernen. Wer dazu die Zeit nicht hat, kann alternativ eine der zahlreichen »Extratouren« auswählen (Näheres dazu auf www.vogelsberg-touristik.de).

TOP 46 — Zu den höchsten Gipfeln des Vogelsberges

5.00 Std.

Das ist die Höhe!

Großartige Fernsichten, bei gutem Wetter sogar bis zur Frankfurter Skyline, sind bei dieser Wanderung vorprogrammiert. Ihre Höhepunkte sind im wahrsten Sinne des Wortes die Gipfel von vier Bergen im Naturpark Hoher Vogelsberg, dazu gesellen sich als weitere Natur-Attraktionen ein Hochmoor, die Niddaquelle und Bergwiesen mit alpinem Touch.

Ausgangspunkt: Hoherodskopf, Parkplatz, 764 m. Erreichbar ab Frankfurt Hbf mit Bahn bis Wächtersbach und Vulkan-Express-Bus (nur Mai–Okt., Sa, So, feiertags, Tel. +49/6631/963333) bis Haltestelle »Hoherodskopf«. Oder ab »Schotten Vulkaneum« mit Anruf-Linien-Taxi VB-60 (insgesamt ca. 2.15 Std. Fahrtzeit ab Frankfurt Hbf). (Navi: 63679 Schotten, Am Hoherodskopf 3.)
Höhenunterschied: 360 m.
Anforderungen: Meist auf naturbelassenen Pfaden, steile Anstiege auf den Bilstein und den Hoherodskopf.
Markierung: Grünes H (Höhenweg), grün-weiß-roter Vulkan (Vogelsberger Extratour).
Einkehr: Hoherodskopf, Busenborn (Gasthaus »Zum Bilstein«, Do Ruhetag).
Karte: Naturnavi Blatt 52-560 Hoher Vogelsberg 1: 25.000.
Information: Tourist-Information Schotten (Am Vulkaneum 1, 63679 Schotten, Tel. +49/6044/6651, www.tourist-schotten.de).
Variante: Abkürzung von den Forellenteichen zum Hoherodskopf (Markierung grünes H).

Wir starten am **Parkplatz** auf dem **Hoherodskopf (1)**. Bei der Minigolfanlage folgen wir dem Wegweiser zum Taufstein nach rechts und lassen uns von der Markierung »grünes

Viele Stufen führen auf den Taufstein.

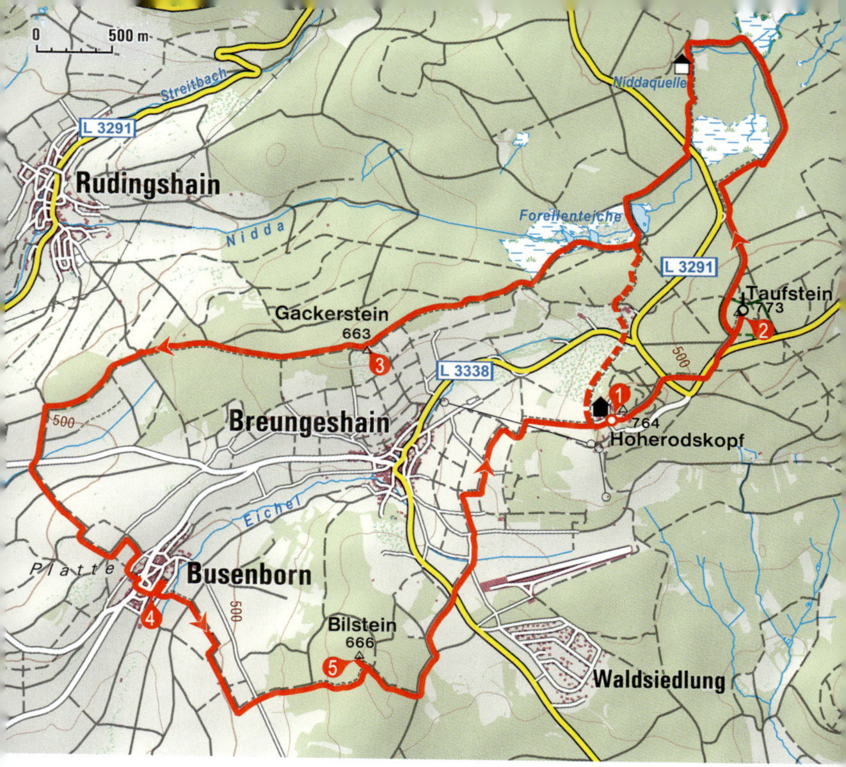

H« durch den Wald leiten. Nach etwa 30 Min. stehen wir am Fuß eines gewaltigen Blockmeeres aus Basaltblöcken. Eine Treppe führt uns dazwischen hindurch zum Gipfel des **Taufsteins (2)**, mit 773 m der höchste Berg des Vulkangebirges. Es geht aber noch 28 m oder 101 Stufen höher, wenn man die Fernsicht vom **Bismarckturm** genießen will. Zurück am Fuß des Blockmeeres folgen wir weiter dem »grünen H« zum Parkplatz »Heide« und umrunden auf langer Schleife das NSG Breungeshainer Heide, ein Hochmoor.

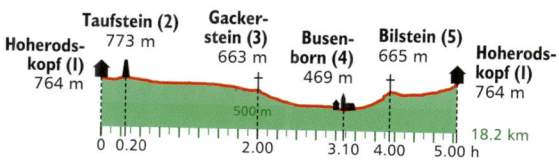

Blick vom Gackerstein zum Hoherodskopf.

Bei einer Schutzhütte bestaunen wir ein kleines Rinnsal, das sich einige Kilometer bergabwärts zur Nidda auswachsen wird. Nach Überqueren der L 3291 beim Parkplatz »Niddaquelle« führt uns das »grüne H« zu den **Forellenteichen**. Hier verlassen wir das »grüne H« (das geradeaus zum Hoherodskopf zurückführt) und folgen stattdessen der Markierung »grün-weiß-roter Vulkan« (Vogelsberg-Extratour) nach rechts (Wegweiser »Gackerstein 2,3 km, Bilstein 9 km«). Der Wegverlauf dieser genannten Route führt uns zunächst durch lichten Wald und zeitweise über Wiesenmatten zum Plateau des **Gackersteins (3)**, immerhin 663 m hoch, mit herrlichem Ausblick auf den Hoherodskopf. Weiter geht es durch Wald und dann leicht abwärts über die Wiesenflur, bis ein Wegweiser uns nach links den Hang hinab weist. Nach Überquerung der K 103 muss mit der Kuppe der Platte, 530 m, ein letztes Hindernis überwunden werden, bevor wir in **Busenborn (4)** im Gasthaus »Zum Bilstein« einkehren können.

Uns stehen jetzt noch zwei steile Anstiege bevor. Der erste auf den **Bilstein (5)**, 665 m, geht auf den letzten Metern gewaltig in die Knochen, dafür versöhnt der herrliche Blick ins westliche Vorland, bei gutem Wetter bis zur Frankfurter Skyline. Wir verlassen den Gipfel (weiterhin »grün-weiß-roter Vulkan«) und halten uns beim nächsten Wegkreuz links und dann immer halbwegs ebenerdig am Rand eines Waldes entlang. Mit der L 3338 überqueren wir zum letzten Mal eine Landstraße und laufen danach über die Wiesenmatten am Hang des Hoherodskopfes. Mit Erreichen des Skiliftes gilt es, den zweiten Anstieg zu bewältigen. Ab hier geht es steil hoch zum Gipfelplateau des **Hoherodskopfes (1)**, 764 m, wo mehrere Gaststätten Speis und Trank für den müden Wanderer bereithalten.

4.45 Std.

Zur Herchenhainer Höhe 47

Unterwegs im Oberwald

Ausgehend vom Luftkurort Ilbeshausen-Hochwaldhausen geht es auf dieser Tour durch den weitgehend aus Buchenmischwald bestehenden Oberwald zur aussichtsreichen Herchenhainer Höhe. Unterwegs treffen wir auf besonders bemerkenswerte Basaltgebilde und klären nebenbei, was der Grebenhainer Ortsteil Oberwald mit merkwürdigen Bauten mitten im Wald zu tun hat.

Ausgangspunkt: Ilbeshausen-Hochwaldhausen, Parkplatz am Kurpark, 466 m. Erreichbar ab Frankfurt Hbf mit Bahn bis Wächtersbach und Vulkan-Express-Bus (nur Mai–Okt., Sa, So, feiertags, Tel. +49/6631/963333) bis Haltestelle »Ilbeshausen-Hochwaldhausen«. Oder ab Frankfurt Hbf über Gießen oder Fulda (umsteigen) bis Lauterbach Nordbahnhof und mit Bus 391 bis »Ilbeshausen Hindenburgstraße« (insgesamt ca. 3–3.30 Std. Fahrtzeit). (Navi: 36355 Grebenhain-Ilbeshausen, Waldstraße 2.)
Höhenunterschied: 360 m.
Anforderungen: Einige, wenn auch moderatere Anstiege, größtenteils durch Wald, naturbelassene Pfade überwiegen.
Markierung: R3, VV (Vulkanring Vogelsberg), Bonifatiusroute, ohne Markierung, VV, rot-weißer Balken, gelber Balken, rotes Dreieick, ohne Markierung, GRW3, GRW5, Bonifatiusroute.
Einkehr: Ilbeshausen-Hochwaldhausen; unterwegs keine Einkehrmöglichkeit.
Karte: Naturnavi Blatt 52-560 Hoher Vogelsberg 1: 25.000.
Information: Region Vogelsberg Touristik (Am Vulkaneum 1, 63679 Schotten, Tel. +49/6044/964840, www.vogelsberg-touristik.de).

Vom Wanderportal beim Parkplatz am **Kurpark** von **Ilbeshausen-Hochwaldhausen (1)** folgen wir der Markierung »R3« die Straße entlang ortsauswärts. Am Ortsende taucht dann auch das »VV« des Vulkanrings Vogelsberg auf, dem wir uns ab hier anvertrauen. Erst geht es nach rechts und vor dem Sportplatz wieder links, dann über die L 3140 und ein Stück geradeaus parallel zur L 3305. Wir biegen anschließend mit der VV-Markierung links in den Wald ab zu den **Uhuklippen (2)**, einer langgestreckten Formation aus geklüfteten Basaltblöcken. Gleich danach lädt der Teufelstisch, eine horizontal liegende Basaltplatte, zu einer kurzen Sitzprobe ein. Beim nächsten Wegkreuz biegt »VV« nach links ab, wir bleiben aber geradeaus und folgen dem Zeichen des Bonifatiusweges bis zur **Schutzhütte** am **Schwarzbachtal (3)**.

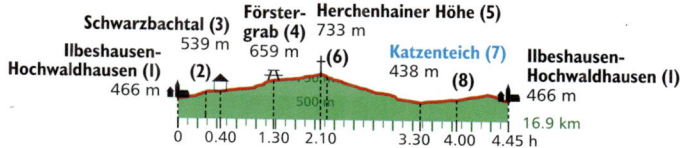

Die Uhuklippen, eine spektakuläre Basaltformation.

Beim dortigen Wegkreuz gehen wir ohne Markierung weiter geradeaus hangaufwärts (Wegweiser »Herchenhainer Höhe«). Nach etwa 800 m gesellt sich beim nächsten Wegkreuz das »VV« von links wieder hinzu und wir folgen dieser Markierung nach rechts durch den Wald zu einer großen Lichtung. Hier geht es rechts, dann immer am Waldrand entlang zur Bank am **Förstergrab (4)**. Dort biegen wir links ab (weiterhin »V«) und halten uns dann immer geradeaus, bis der Weg auf die Hochfläche führt und sich nach links am Waldrand zur den Rastbänken und Sinnesliegen unterhalb der Herchenhainer Höhe windet. Von hier hat man einen wunderbaren Ausblick, der von einer **Panoramatafel** erläutert wird. Weiter geht es waldein- und hangaufwärts durch das Steintor (Markierungen: »VV«, »gelber Balken« und »rotweißer Balken«) zum Gedenkstein des Vogelsberger-Höhen-Clubs auf dem Gipfelplateau der **Herchenhainer Höhe (5)**, 733 m.

Mit allen drei Zeichen wandern wir weiter zur **Bonifatiuskanzel (6)**, einem besonders pittoresken Basaltfelsen. Dann geht es den Hang hinunter, beim nächsten Wegkreuz mit den beiden Balken-Markierungen nach links (»VV« verabschiedet sich hier nach rechts) und nun aufpassen, denn der folgende Wegabschnitt ist sehr lückenhaft markiert! Beim nächsten Wegkreuz scharfrechts abbiegen und nicht dem Wegweiser nach Ilbeshausen folgen! So gelangen wir dann zum Wegkreuz am Bronzwald, wo das »rote Dreieck« die Führung nach links übernimmt und uns in den Grebenhainer Ortsteil **Oberwald** führt. Hier befand sich von 1936 bis 1945 eine Munitionsanstalt (Muna) der Wehrmacht, daher stößt man überall im Wald auf ausgedehnte (eingezäunte) Bunkeranlagen. Nach dem Zweiten Weltkrieg entstand auf dem Gelände ein Nato-Versorgungsdepot, heute werden die Anlagen rein zivil als Lagerräume genutzt. Wir folgen weiterhin dem »roten Dreieck« bis zum

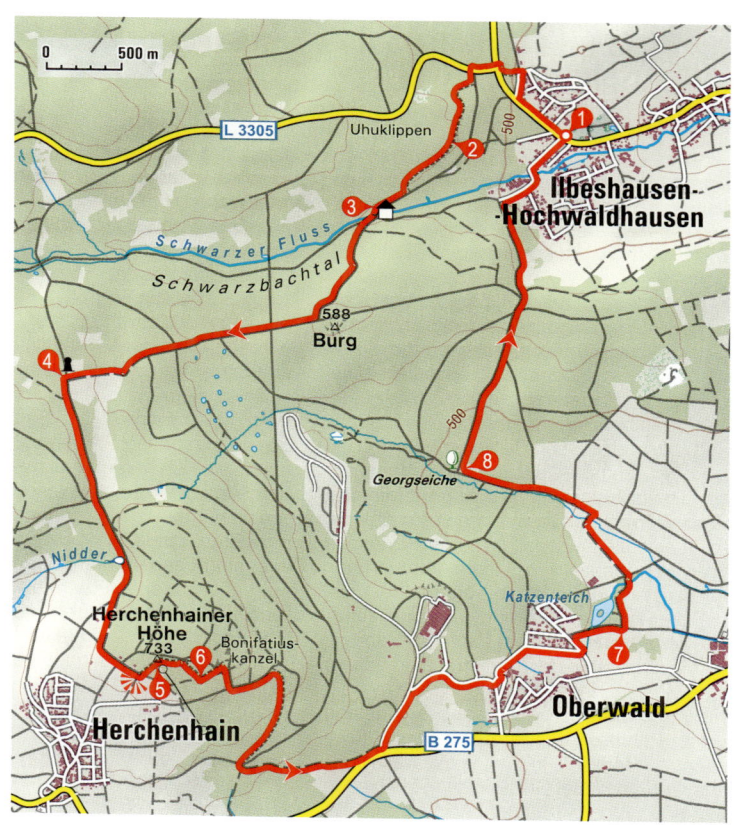

Sträßchen Ahlmüllersweide. Hier biegen wir ohne Markierung nach links ab und folgen gleich darauf dem Holzwegweiser nach rechts zum **Katzenteich (7)**. Beim dortigen Wegweiser vertrauen wir uns links den beiden Grebenhainer Rundwegen »GRW3« und »GRW5« an und folgen diesen beiden Markierungen in den Wald hinein. Beim Wegkreuz **Georgseiche (8)** biegen wir mit beiden Markierungen nach rechts ab, ab dem Wegkreuz Spitzer Stein leitet uns nur noch »GRW5« zurück nach **Ilbeshausen-Hochwaldhausen (1)**. Jetzt passieren wir noch die Vogelsbergklinik und folgen der Straße zum Parkplatz am **Kurpark**.

48 Rund um Ulrichstein

4.15 Std.

Herrliche Aussichten auf der »Weitblicktour«

Ulrichstein ist mit 559 m die höchstgelegene Stadt Hessens. Mit seiner auf einem ehemaligen Vulkanschlot errichteten Schlossruine ist das Städtchen der ideale Ausgangspunkt für eine aussichtsreiche Wanderung über Wiesen und offene Landschaften der näheren Umgebung. Dabei besuchen wir den Vogelsberg im Vogelsberg.

Ausgangspunkt: Ulrichstein, Lindenplatz beim Rathaus, 559 m. Erreichbar ab Frankfurt Hbf mit Bahn und Vulkan-Express-Bussen (nur Mai–Okt., Sa, So, feiertags, Tel. +49/6631/963333) bis Haltestelle »Lindenplatz«; sonst andere Verbindungen mit ca. 3 Std. Fahrtzeit. (Navi: 35327 Ulrichstein, Marktstraße 28.)
Höhenunterschied: 310 m.
Anforderungen: Meist über flachwelliges Gelände, nur wenige steile Passagen, vorwiegend auf naturbelassenen Wegen.

Markierung: VV (Vulkanring Vogelsberg), grün-weiß-roter Vulkan (Vogelsberger Extratour), grün-weiß-grüner Vulkan (Erweiterung Extratour).
Einkehr: Ulrchstein; unterwegs keine Einkehrmöglichkeit.
Karte: Naturnavi Blatt 52-560 Hoher Vogelsberg 1: 25 000.
Information: Fremdenverkehrsamt Ulrichstein (Marktstr. 28–32, 35237 Ulrichstein, Tel. +49/6645/961020, www.ulrichstein.de).

Vom Wanderportal am **Lindenplatz** in **Ulrichstein (1)** folgen wir den Markierungen des Vulkanrings Vogelsberg (»VV«) und der Vogelsberg-Extratour (»grün-weiß-roter Vulkan«). Sogleich nehmen wir den **Schlossberg (2)** mit der **Burgruine** ins Visier. Die Aussicht vom Bergfried ist grandios und gehört zum Besten, was der Vogelsberg zu bieten hat. Vom Turm kehren wir zurück zum Burgtor, biegen hier gleich scharf rechts ab und halten uns hangabwärts durch den Vogelsberggarten, eine botanische Schauanlage mit typischen Pflanzengesellschaften aus der Umgebung. Bei der Vorwerk-Zehntscheune, einem Museum, verlassen wir endgültig den Ort, halten uns hangaufwärts über die Wiesenflur und überqueren die L 3070. Dann bewältigen wir einen langgezogenen Anstieg den Hang hinauf bis an den Rand des Eckmannshains. Nach Durchquerung dieses Waldgebietes öffnet sich die Landschaft wieder und es folgt eine längere Wegpassage zwischen Waldrand und Viehweiden. Von hier ergeben sich immer wieder herrliche Ausbli-

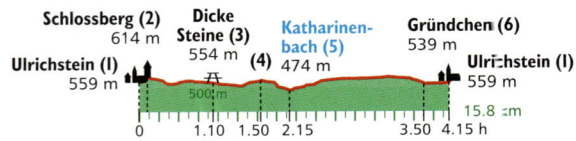

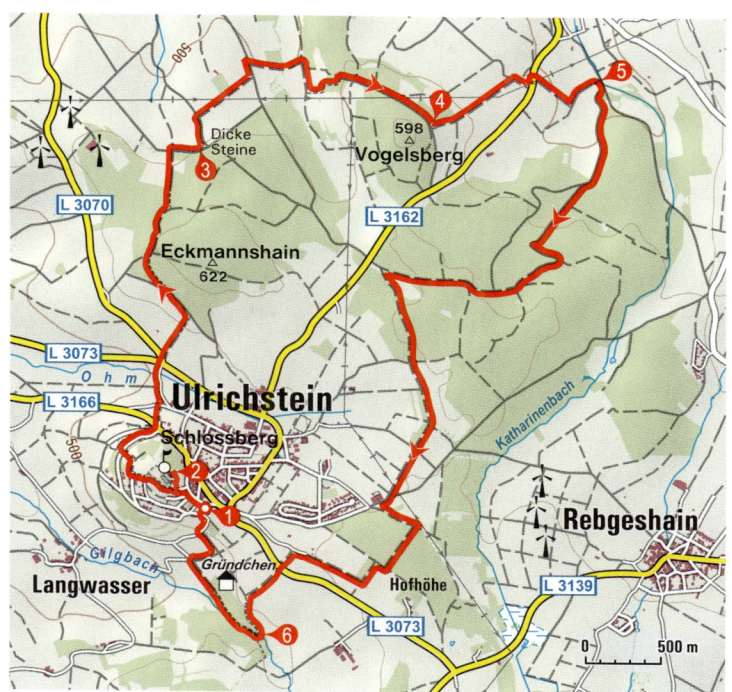

cke ins westliche Vorland bis ins Marburger Becken und zu den beiden markanten Bergkuppen Gleiberg und Vetzberg bei Gießen. Beim Geotop **Dicke Steine (3)** können riesige Basaltblöcke bestaunt werden und man kann am überdachten Rastplatz eine Pause einlegen.

Vom dritten folgenden Wegkreuz orientieren wir uns nur noch am »VV« und dem ab hier markierten »grün-weiß-grünen Vulkan« der Extratour-Erweiterung und biegen links und dann gleich wieder rechts ab. Dann geht es halbwegs steil über Wiesen und durch ein Wäldchen auf die Nordflanke des Berges **Vogelsberg (4)** im Gebirge Vogelsberg. Von diesem wandern wir links wieder hinunter auf die Feldflur, überqueren die L 3162 vor Helpershain und steuern links über die Felder auf den **Katharinenbach (5)** zu. Hier biegen wir rechts mit dem »grün-weiß-grünen Vulkan« ab und durchschreiten etwa 2 km lang ein größeres Waldgebiet. Bei einem Wegkreuz unmittelbar vor der L 3162 gesellt sich zu uns von der Straße her wieder der »grün-weiß-rote Vul-

Weit ist der Blick ins Land von der Ruine Ulrichstein.

kan« und wir folgen dieser Markierung nach links aus dem Wald heraus und über die Feldflur um Ulrichstein herum. Schließlich durchqueren wir noch ein kleines Wäldchen und überqueren die L 3073, bis es den Hang hinab in den idyllischen Grund des Gilgbaches, das sogenannte **Gründchen (6)** geht. Hier taucht auch wieder die VV-Markierung auf; wir biegen mit beiden Zeichen rechts ab und halten uns dann rechts den Hang hoch. Dann geht es noch einmal nach links und die Straße entlang zurück zum **Lindenplatz** in **Ulrichstein (1)**.

Auf der Felsentour bei Herbstein 49

5.00 Std.

Vogelsberg pur

Die westlich von Herbstein ausgewiesene Extratour des Vulkanrings Vogelsberg widmet sich Felsbrocken in allen Größen, um dem Wanderer das Phänomen Vulkanismus nahezubringen, das vor ca. 15 Millionen Jahren den Vogelsberg schuf. Drei große Basaltdurchbrüche liegen am Weg und auch die Stadt Herbstein selbst thront auf einem Basaltschlot. Wem nach den vielen Begegnungen mit feurigem Gestein nach Abkühlung zumute ist, der suche die Vulkantherme bei »Hessens höchster Heilquelle« auf, wie Herbstein sich originell vermarktet.

Ausgangspunkt: Herbstein, Parkplatz der Vulkantherme, 406 m. Erreichbar ab Frankfurt Hbf mit Bahn und Vulkan-Express-Bussen (nur Mai–Okt., Sa, So, feiertags, Tel. +49/6631/963333) bis Haltestelle »Thermalbad«; sonst andere Verbindungen mit ca. 2.30 Std. Fahrtzeit. Anfahrt mit PKW über B 275 (Navi: 36358 Herbstein, Zum Thermalbad 1).
Höhenunterschied: 220 m.
Anforderungen: Geringes Gefälle, teils auf naturbelassenen Pfaden, teils auf befestigten bzw. geteerten Flurwegen.

Markierung: Grün-weiß-roter Vulkan (Vogelsberger Extratour).
Einkehr: Café-Bistro der Vulkantherme; unterwegs keine Einkehrmöglichkeit (Gasthäuser in Lanzenhain öffnen erst abends).
Karte: Naturnavi Blatt 52-560 Hoher Vogelsberg 1: 25.000.
Information: Kurverwaltung Herbstein (Marktplatz 7, 36358 Herbstein, Tel. +49/6643/960019, www.herbstein.de).
Variante: Abkürzung um ca. 7 km beim Wegkreuz (3) am Hohbalz möglich.

Herbstein, Hessens höchstgelegener Kurort.

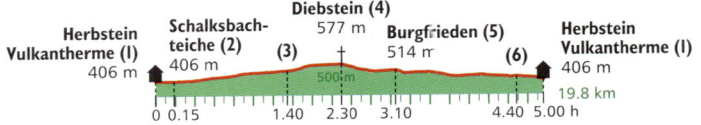

Die Orientierung fällt uns auf dieser Tour leicht, denn sie ist durchgängig mit dem »grün-weiß-roten Vulkan« markiert. Wir starten am **Parkplatz** der **Vulkantherme (1)** nördlich von **Herbstein**, überqueren die Zufahrtsstraße und folgen am Waldrand dem Wegweiser »Geotop Felsenruhe« bzw. »Extratour Felsentour Zubringer 0,4 km« in den Wald hinein. Nach etwa 200 m ist die sehenswerte hölzerne Waldkapelle erreicht. Hier halten wir uns kurz rechts und beim ersten Wegkreuz links auf einem breiten Schotterweg über die Feldflur bis zum **NSG Schalksbachteiche (2)**, einem Rast- und Brutplatz seltener Wasservögel und Biotop für seltene Pflanzen. Im weiteren Verlauf durchquert unser Weg den Heiligenwald und macht dann eine Biegung nach links (Süden) zum Talgrund des Baches Seife. Danach geht es in mehreren Biegungen durch ein Waldstück und aus diesem heraus wieder auf die Feldflur. An der Kante des bewaldeten Hügels **Hohbalz** stoßen wir bei einer Feldscheune auf ein **Wegkreuz (3)**. (Man kann hier links abbiegen und nach Herbstein abkürzen.) Wir halten uns rechts auf der Feld- und Wiesenflur, überqueren die L 3140 und gelangen schließlich zum bewaldeten Gipfel des **Diebsteins (4)** mit seinen Felsformationen aus Basalt. Etwas unterhalb davon genießen wir beim Rastplatz »Rhönblick« den Blick nach Osten, u. a. auf Wasserkuppe und Milseburg. Unser Weg führt weiter nach **Lanzenhain**, ein typisches Vogelsbergdorf mit viel Fachwerk, und aus diesem hinaus in den urwaldartig anmutenden Laubwald am **Burgfrieden (5)**, auch Hexenstein

Die Schalksbachteiche, ein Rast- und Brutplatz seltener Wasservögel.

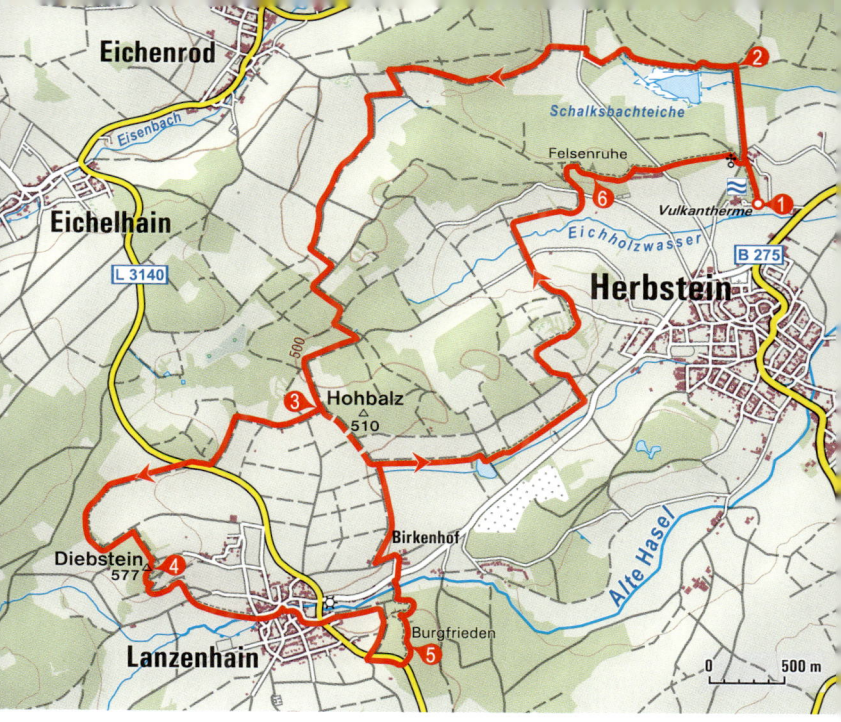

genannt, wo ein weiterer Basaltdurchbruch samt Blockmeer zu bestaunen ist. Danach überqueren wir erst den Bach Scheerwasser, dann die K 109 und folgen unserer Markierung vorbei am Birkenhof hangaufwärts über die Hochfläche. Nach etwa 800 m knickt unser Weg nach rechts ab und leitet uns zu einem Weiher. Von hier führt eine wunderschöne Lindenallee über Wiesen schnurstracks in Richtung Herbstein. Wir biegen jedoch nach etwa 500 m bei einem Schafhof nach links ab und folgen den Markierungen in zwei Biegungen den Hang hinauf. Im Aspertzer Grund ist noch das Bächlein Eichholzwasser zu überwinden, bevor wir in den Wald eintreten und zum Geotop **Felsenruhe (6)** gelangen, der letzten und eindrucksvollsten Basaltformation unserer Tour. Weiter geht es durch den Wald, wir passieren das Kolping-Feriendorf und folgen ab dort einem schmalen Asphaltweg. Dieser verläuft auf der ehemaligen Grenze zwischen dem Fürstbistum Fulda und dem Großherzogtum Hessen-Darmstadt, wie etliche Grenzsteine am Wegesrand bezeugen. Schließlich erreichen wir wieder die Waldkapelle und sind in wenigen Minuten zurück am **Parkplatz** der **Vulkantherme (1)**.

50 Eschenroder Stauseetour

3.30 Std.

Mammutbäume beim Niddastausee

Der Niddastausee, einer der größten Stauseen in Hessen, liegt zwischen Rainrod und dem Luftkurort Schotten in einer sanftwelligen Wald- und Wiesenlandschaft. Er hat eine Fläche von 65 ha und verfügt über einen Speicherraum von ca. 6,6 Mio. m³. Gebaut wurde die Niddatalsperre von 1968 bis 1970 zum Zwecke des Hochwasserschutzes und der Stromerzeugung. Darüber hinaus ist sie ein beliebtes Naherholungsgebiet und Freizeitparadies. Doch auch in der Umgebung des Sees gibt es viel zu entdecken: einen Basaltschlot, dazu eine jungsteinzeitliche Ringwallanlage, herrliche Aussichtspunkte und als besondere Kuriosität Mammutbäume im Vogelsberg!

Ausgangspunkt: Eschenrod (Stadtteil von Schotten), Parkplatz beim Sportplatz, 375 m. Erreichbar ab Frankfurt Hbf mit Bahn und Vulkan-Express-Bussen (nur Mai–Okt., Sa, So, feiertags, Tel. +49/6631/963333) bis Haltestelle »Schotten-Eschenrod«. Oder ab »Schotten Vulkaneum« mit Bus VB-60 (insgesamt ca. 2.30 Std. Fahrtzeit ab Frankfurt Hbf). Anfahrt mit PKW über B 455 bis Schotten, dann B 276 bis Eschenrod (Navi: 63679 Schotten, Schottener Straße).
Höhenunterschied: 200 m.
Anforderungen: Moderate Steigungen und flachwelliger Wegverlauf, meist auf naturbelassenen Pfaden, teilweise geteerte Flurwege, auch mit Kindern empfehlenswert.
Markierung: Grün-weiß-roter Vulkan (Vogelsberger Extratour).
Einkehr: Bistro im Golfclub Eschenrod; unterwegs keine Einkehrmöglichkeit.
Karte: Naturnavi Blatt 52-560 Hoher Vogelsberg 1: 25.000.
Information: Tourist-Information Schotten (Am Vulkaneum 1, 63679 Schotten, Tel. +49/6044/6651, www.tourist-schotten.de).

Der Niddastausee ist ein beliebtes Naherholungsgebiet.

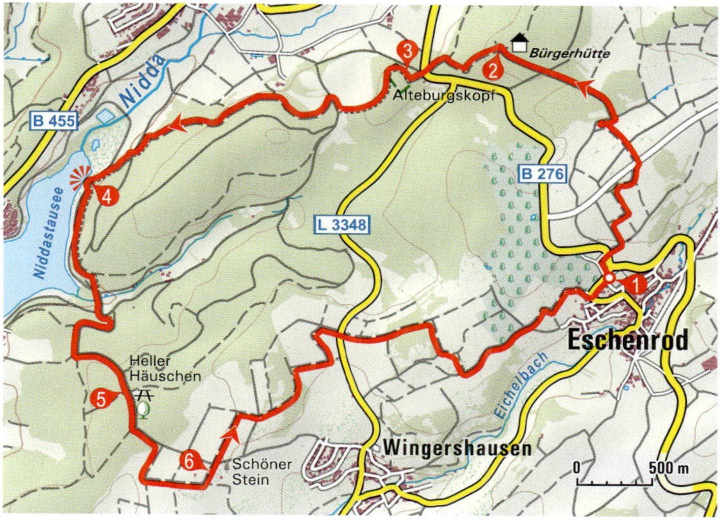

Wir starten am nördlichen Ortseingang von **Eschenrod (1)** gleich am **Parkplatz** beim **Sportplatz** an der Ecke Schottener Straße und Lindenstraße. Hier befindet sich ein Wanderportal, das über den Streckenverlauf informiert. Dort wird vorgeschlagen, die Wanderung im Uhrzeigersinn abzulaufen; es ist aber viel reizvoller, die Tour in der Gegenrichtung zu erschließen. Daher halten wir uns mit der Markierung »grün-weiß-roter Vulkan«, die uns auf der gesamten Wanderung zuverlässig führen wird, ortsauswärts, passieren den Golfplatz und queren die B 276. Nun überschreiten wir in mehreren Biegungen eine mit Streuobstwiesen und Kuhweiden genutzte Hochfläche, von der aus sich immer wieder schöne Ausblicke in alle Himmelsrichtungen ergeben. Nach einer kurzen Passage hangabwärts gelangen wir in ein Waldgebiet, wo wir nach etwa 800 m bei der **Bürgerhütte (2)**, einer unbewirtschafteten Schutzhütte, ankommen. Hier weist uns ein Wegweiser nach links und wir folgen diesem Hinweis stets hangabwärts, bis wir beim Haus Vogels-

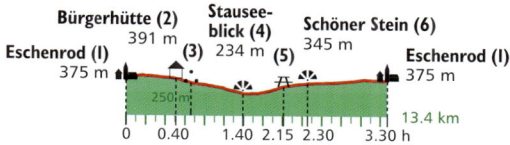

Mammutbaum mit menschlichem Maßstab.

berg, einem ehemaligen Lehrerheim, erneut die B 276 queren. Auf der anderen Straßenseite geht es wieder moderat bergauf zum **Alteburgskopf (3)**, einem sehenswerten Basaltschlot mit Blockmeer sowie einem Ringwall aus der Jungsteinzeit. Vorbei am Försterdenkmal (für gefallene Förster beider Weltkriege) folgen wir weiter unserer Markierung durch den Wald. Zwischen den Bäumen sind immer wieder die Häuser von Schotten auf der anderen Seite des Tales zu erkennen, das sich unterhalb des Waldes ausbreitet. Nach rund 3 km fröhlichen Waldwanderns erreichen wir endlich über den Wanderparkplatz Sauweide das Ufer des **Niddastausees** beim Geländepunkt **Stauseeblick (4)**. Unser Weg führt uns weiter am Waldrand entlang, immer parallel zum Seeufer. Bei einer Kreuzung mit einem breiten Flurweg folgen wir der Beschilderung zu den Mammutbäumen, die wir nach etwa 600 m und einem kleinen Anstieg auf einer Lichtung im Wald erreichen. Hier im sogenannten Pflanzgarten beim **Heller Häuschen (5)** brachte ein Förster um 1895 Samen von Mammutbäumen aus der kalifornischen Sierra Nevada in den Boden ein. Im Laufe der Zeit wurden daraus stattliche Vertreter ihrer Art, der größte hat gar eine Höhe von 35 m und einen Stammdurchmesser von ca. 2,5 m – und das alles ist in knapp 120 Jahren gewachsen!

Noch staunend über dieses Naturwunder verlassen wir den Wald und überqueren die baumlose Hochfläche. Wunderschön ist die Aussicht beim **Schönen Stein (6)**, am Westhorizont bis zum Taunus, im Osten bis zum Hoherodskopf. Über Weiden und Streuobstwiesen und vorbei an der lieblichen Landschaft der sogenannten Wingershäuser Schweiz geht es zurück nach **Eschenrod (1)**.

Einer der Mammutbäume oberhalb des Niddastausees.

Stichwortverzeichnis

A

Alsbacher Schloss 141
Alteburg (Ringwall) 162
Alteburgskopf 184
Altenburg (Hofgut) 163
Alter Flugplatz (FFM) 42
Altkönig 69
Altweilnau 85
Alzenau 152
Appenheim 112
Arnsburg (Kloster) 130
Assmannshausen 106
Atzelberg 76
Auerbach (Schloss) 141

B

Bad Nauheim 16, 127
Bad Orb 161
Bad Soden am Taunus 16, 60
Bad Vilbel 16, 40
Balduinstein 89
Bergen 31
Berger Warte 33
Bergstraße 138
Bilstein 172
Bismarckturm (Gau-Algesheim) 112
Bismarckturm (Taufstein) 171
Bodenheim 114
Bonifatiuskanzel 174
Braunfels 16, 86
Brentanopark 41
Buchberg 54
Büdingen 16, 122, 124
Büdinger Wald 158
Busenborn 170
Butzbach 16, 133

D

Darmstadt 16
Darmstadt-Eberstadt 138
Dasbach 78
Dettingen 51
Diebach am Haag 124
Diebstein 180
Dietesheimer Steinbrüche 48
Diez 16, 89
Domäne Neuhof 102
Dreieichenhain 44

Dreiseetal 145
Düdelsheim 122

E

Eberbach (Kloster) 100
Ehlhalten 66
Ehrenfels (Ruine) 107
Einhardsbasilika 146
Eiserner Steg 17, 29
Eltville 16, 100
Enkheim 31
Eppenhain 75
Eppstein 75
Erbach (Odenwald) 16, 145
Erbach (Rheingau) 100
Ernsbach 145
Eschenrod 182

F

Fachingen 90
Falkenstein 68
Felsenmeer (Lautertal) 148
Finsternthal 84
Fischbach 75
Flörsheim 94
Flörsheimer Warte 94
Frankenstein (Burg) 138
Frankfurt a.M. 14, 16, 24, 28, 31
Freienfels (Ruine) 88
Fürstenau (Schloss) 146

G

Gabelstein 90
Gackerstein 172
Gau-Algesheim 112
Geisenheim 103
Gelnhausen 16, 158
Gerbermühle 28
Gickelsberg 113
Glashütten (Taunus) 65
Glauberg 122
Goethehaus 29
Goetheturm 28
Goldgrubenfelsen 74
Großer Feldberg 70
Grüngürtel 25
Günthersmühle 162

H

Hahnenkamm 152
Hallgarten 97

360° HEIMAT**MOMENTE**

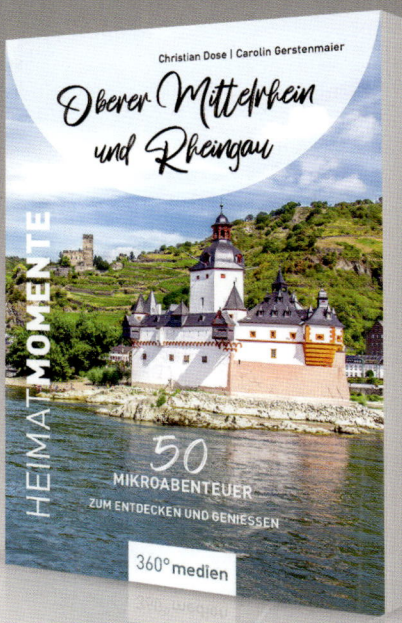

50 MIKROABENTEUER

ZUM ENTDECKEN
UND GENIESSEN

Christian Dose,
Carolin Gerstenmaier
ca. 256 Seiten, ca. 200 Fotos
Format: 16,5 x11,5 cm
ISBN 978-3-96855-086-2

14,95 €

Erleben Sie unvergessliche Momente und spannende Mikroabenteuer in einer der schönsten Kulturlandschaften Deutschlands. Das Obere Mittelrheintal, im Jahr 2002 als UNESCO-Weltkulturerbe ausgezeichnet, und der Rheingau locken mit ausgefallenen erlebnisreichen Ausflügen, kulinarischen Highlights sowie einzigartigen Kultstätten und anderen Kuriositäten.

Erhältlich ab Herbst 2021

Weitere Infos unter:

360grad-medienshop.de/heimatmomente

Versandkostenfreie Lieferung innerhalb Deutschlands

Telefon: +49 2104 / 50631 00
Telefax: +49 2104 / 50631 56

360° medien

info@360grad-medien.de
www.360grad-medien.de

Hallgarter Zange 97
Hanau 16
Hanau-Großauheim 54
Hanau-Steinheim 48
Hausberg (Butzbach) 133
Hausen 133
Heiligenberg (Schloss) 138
Heiliger Stein 132
Heller Häuschen 184
Herbstein 179
Herchenhainer Höhe 173
Herrnhaag (Gutshof) 126
Herzbergturm 73
Hessenthal 155
Hochheim am Main 94
Höchst 34, 40
Hoherodskopf 170
Hohe-Wart-Haus 155
Hünerberg 69

I
Idstein 16, 78
Ilbeshausen-Hochwaldhausen 173

J
Jacobiweiher 37
Jagdschloss Platte 81
Johannisberg (Bad Nauheim) 127
Johannisberg (Schloss) 103
Jugenheim 138

K
Kälberau 152
Kassel (Biebergemünd) 161
Keltenerlebnispfad 122
Keltenmuseum 122
Keltenwelt am Glauberg 122
Keltenzug auf der Bulau 44
Kiedrich 100
Klein-Welzheim 51
Königstein im Taunus 16, 60, 68
Kronberg im Taunus 16, 63
Kronthaler Quellenpark 64
Kubacher Höhle 86
Kühkopf-Knoblochsaue 117
Kuhruh (Gelnhausen) 160

L
Lahn 59, 86, 89

Rother TourenApp

Holen Sie sich unsere Wanderführer als App!

So funktioniert es:

→ Kostenlose Rother App vom App Store bzw. Google Play Store laden

→ Bis zu fünf vollwertige Beispieltouren aus jedem verfügbaren Guide unbegrenzt testen

→ Guides direkt aus der Rother App oder über e-shop.rother.de (hier nur für Android) komplett erwerben*

* je nach Guide 5,49-13,99 €

www.rother.de/app

Lahntal 58
Landskron (Ruine) 116
Landsteiner Mühle 84
Lanzenhain 179
Laurenburg 89
Lautertal-Reichenbach 148
Limes 20, 59, 65, 72, 78, 133
Lohrberg 31
Ludwigsturm 152
M
Mainmündung 110
Mainspitze 108, 110
Mainz 16, 109, 110
Mainz-Kastel 110
Mainz-Kostheim 110
Malchen 138
Mapper Schanze 98
Marienthal (Kloster) 103
Melibokus 141
Merzenmühle 44
Mespelbrunn 155
Michelstadt 16, 145
Molkenberg 162

Münzenberg 130
Münzenburg 130
Muschenheim 132
N
Nackenheim 114
Neroberg 81
Neue Frankfurter Schule 26
Neu-Isenburg 38
Neuweilnau 85
Neuwirtshaus 54
Nidda 40
Niddastausee 182
Nied 34
Niederauroff 78
Nieder-Mörlen 129
Niederrad 37
Niederrodenbach 54
Niederwalddenkmal 106
Nierstein 114
Niersteiner Warte 116
O
Oberauroff 78
Oberforsthaus 37

Oberursel-Hohemark 73
Oberwald 173
Odenwald 136
Oestrich-Winkel 103
Offenthal 46
Ohlyturm 148
Opelbad 81
Opelzoo 63
Oppenheim 16, 114

P
Paulskirche 21, 30
Pferdskopf 84
Philippseich (Schloss) 46
Philippsruhe (Schloss) 48

R
Reichelsheim (Odenwald) 143
Reichenberg (Schloss) 143
Rettershof 75
Rheinauen 108, 117
Rheingau 92
Rheingauer Gebück 97
Rheinhessen 108
Riesensäule 149
Rodenstein (Burg) 143
Ronneburg 124
Rossert 76
Rüdesheim am Rhein 16, 106
Ruppertshain 75
Rüsselsheim 16

S
Sachsenhausen 28
Schäfersteinpfad 37
Schalksbachteiche 180
Scharfenstein (Ruine) 101
Schlossborn 65
Schmitten (Hochtaunus) 70
Schneidhain 62
Schotten 182
Schrenzerbad 133
Schwanheim 34
Schwanheimer Düne 34

Seckbach 31
Seeheim 138
Seelenberg 70
Seidenroth 164
Seligenstadt 16, 51
Spessart 150
Stadtwald (Frankfurt) 37
Staufen 77
Steinau an der Straße 164
Steinfurth 127
St. Hildegard (Abtei) 106
Stockstadt am Rhein 117
Süßes Gründchen 64

T
Tannenberg (Ruine) 139
Taufstein 171
Taunus 58
Teufelshöhle 165
Thiergarten (Gut) 126
Tiroler Weiher 38
Trais 132
Traiser Steinberg 130
Treisberg 84

U
Uhuklippen 173
Ulrichstein 176

V
Vogelsberg 168
Vollrads (Schloss) 103

W
Wartenweg 164
Wasserlos 154
Weil 84
Weilburg 17, 86
Weilrod 84
Wetterau 120
Wiesbaden 17, 81
Wiesenmühle 94
Wingertsberg 44
Wörthspitze 36

Z
Zwingenberg 17, 141

Mehr Touren um Frankfurt ...

WWW.ROTHER.DE

Umschlagbild:
Blick vom Taunus bei Kronberg auf die Frankfurter Skyline.

Bild im Innentitel:
Nidda-Sandbank beim Wehr Höchst.

Bild S. 22/23:
Frankfurter Skyline mit Burg Kronberg.

Alle Fotos von den Autoren

Kartografie:
50 Wanderkärtchen im Maßstab 1:50.000, 1:75.000 und 1:100.000
Geodaten © OpenStreetMap und Mitwirkende
kartografisches Design: Freytag & Berndt, Prag,
www.freytagberndt.cz;
zwei Übersichtskarten im Maßstab 1:700.000 und 1:1.100.000
© Freytag & Berndt, Wien

Die Ausarbeitung aller in diesem Führer beschriebenen Wanderungen
erfolgte nach bestem Wissen und Gewissen der Autoren.
Die Benutzung dieses Führers geschieht auf eigenes Risiko.
Soweit gesetzlich zulässig, wird eine Haftung für etwaige Unfälle
und Schäden jeder Art aus keinem Rechtsgrund übernommen.

3., aktualisierte Auflage 2021
© Bergverlag Rother GmbH, München

ISBN 978-3-7633-4468-0

Wir freuen uns über jeden Korrekturhinweis zu diesem Wanderführer!
Bitte per E-Mail an: leserzuschrift@rother.de

BERGVERLAG ROTHER · München
D-82041 Oberhaching · Keltenring 17 · Tel. +49 89 603669-0 · www.rother.de